Antología
Pedro Calderón de la Barca

- Biografía del autor
- La vida es sueño
-Apéndices

Comentado y revisado

Biografía del autor

Pedro Calderón de la Barca es uno de los más insignes y universales poetas y dramaturgos españoles.

Tercer hijo del matrimonio entre Don Diego Calderón de la Barca y Doña Ana María de Henao y Riaño, el autor Pedro Calderón de la Barca nace en Madrid un 17 de enero del año 1600

Destinado por su padre al sacerdocio, hizo sus primeros estudios en el Colegio Imperial de los jesuitas de Madrid. Continuó en las universidades de Alcalá y Salamanca, pero en 1620 abandonó los estudios religiosos por la carrera militar, ganándose con ello la animadversión de su padre. Ello dejará huella en su teatro, donde es frecuente encontrar conflictos edípicos entre padres e hijos.

Tres años más tarde se dio a conocer como dramaturgo con su primera comedia, Amor, honor y poder. Como todo joven instruido de su época, viajó por Italia y Flandes y, desde 1625, proveyó a la Corte de un extenso repertorio dramático, ganándose con ello el aprecio del rey Felipe IV. En efecto, en 1635 escribió El mayor encanto, el amor, para la inauguración del teatro del Palacio del Buen Retiro y, nombrado caballero de la Orden de Santiago por el rey, se distinguió como soldado al servicio del Duque del Infantado en el sitio de Fuenterrabía (1638) y en la guerra de secesión de Cataluña (1640). Ordenado sacerdote en 1661, poco tiempo después se le hizo capellán de los Reyes Nuevos de Toledo. Entonces ya era el dramaturgo más celebrado de la corte y todavía en 1663 el rey siguió distinguiéndole al designarle como su capellán de honor, hecho que le obligó a trasladar definitivamente su residencia a Madrid.

La obra teatral de Calderón de la Barca significa la culminación barroca del modelo teatral creado a finales del siglo XVI y comienzos del XVII por Lope de Vega.

Según el recuento que él mismo hizo el año de su muerte, su producción dramática consta de ciento diez comedias y ochenta autos sacramentales, loas, entremeses y otras obras menores, como el poema Psale et sile (canta y calla) y piezas más ocasionales. Aunque es menos fecundo que su modelo, el genial Lope de Vega, resulta técnicamente mejor que aquel y de hecho lleva a su perfección la fórmula dramática lopesca reduciendo el número de escenas de esta y depurándola de elementos líricos y poco funcionales, convirtiéndola en un pleno espectáculo barroco al que agrega además una especial sensibilidad para la escenografía y la música, elementos que para Lope de Vega tenían menor importancia.

Utiliza frecuentemente piezas anteriores que refunde eliminando escenas inútiles; disminuye el número de personajes y reduce la riqueza polimétrica del teatro lopesco. Igualmente, sistematiza la exuberancia creativa de su modelo y construye la obra en torno a un protagonista exclusivo. En cierto modo, purga el teatro de Lope de sus elementos más líricos y busca siempre los más teatrales. A. Valbuena ha señalado que en su estilo cabe distinguir dos registros.

En un primer grupo de obras Calderón reordena, condensa y reelabora lo que en Lope aparece de manera difusa y caótica, estilizando su realismo costumbrista y volviéndolo más cortesano. En ellas aparece una rica galería de personajes representativos de su tiempo y de su condición social, todos los cuales tienen en común los tres temas del teatro barroco español: el amor, la religión y el honor.

En el cultivo de este último tema destaca Calderón en obras como El alcalde de Zalamea, en que se enfrentan el honor individual (o lo que es lo mismo, la dignidad humana, no costumbre social o externa) de un labrador rico, Pedro Crespo, cuya hija ha sido violada por un aristócrata capitán de los tercios del famoso general don Lope de Figueroa, con el honor corporativo o esprit de corps de este último. El honor, el patrimonio del alma enfrentado a la justicia de los hombres, caso de El alcalde de Zalamea, o las pasiones amorosas que ciegan el alma, cuestión que aborda en El mayor monstruo, los celos o en El médico de su honra.

En su segundo registro, el dramaturgo inventa, más allá del repertorio caballeresco, una forma poético-simbólica desconocida antes de él y que configura un teatro esencialmente lírico, cuyos personajes se elevan hacia lo simbólico y lo espiritual. Escribe entonces fundamentalmente dramas filosóficos o teológicos, autos sacramentales y comedias mitológicas o palatinas.

En este segundo registro, lleva a su perfección el llamado auto sacramental, pieza alegórica en un acto de tema eucarístico destinada a representarse el día del Corpus. Por mencionar sólo algunos, citaremos El gran teatro del mundo o La cena del rey Baltasar.

Calderón destaca sobre todo como creador de esos personajes barrocos, íntimamente desequilibrados por una pasión trágica, que aparecen en El príncipe constante, El mágico prodigioso o La devoción de la cruz. Su personaje más universal es el desgarrado Segismundo de Polonia de La vida es sueño, considerada como la pieza cumbre del teatro calderoniano. Esta obra, paradigma del género de comedias filosóficas, recoge y dramatiza las cuestiones más trascendentales de su época: la libertad o el poder de la voluntad frente al destino, el escepticismo ante las apariencias sensibles, la precariedad de la existencia, considerada como un simple sueño y, en fin, la consoladora idea de que, incluso en sueños, se puede todavía hacer el bien. Tiene esta obra varias versiones hechas por él mismo. También se apunta en ella, aunque muy en segundo plano, el tema de la educación, tan desarrollada posteriormente en el siglo XVIII.

Los personajes femeninos de Calderón son excesivamente hombrunos, no poseen la feminidad y viveza natural de las mujeres de Lope, aunque cuando se trata de mujeres investidas de autoridad este defecto se transforma en una virtud y encontramos a auténticas encarnaciones de la ambición, como la reina Semíramis en las dos partes de La hija del aire.

En el apartado masculino, Calderón posee un repertorio de personajes inolvidables como Don Lope de Figueroa, Pedro Crespo, el Príncipe Constante o ese prototipo de uno de los personajes más frecuentados por Calderón, el marido enloquecido de celos que representa el Don Gutierre de El médico de su honra.

Calderón utiliza frecuentemente símbolos en sus comedias: la caída del caballo, que representa la deshonra o la alteración del orden natural, el equilibrio natural entre los cuatro elementos, y algunas técnicas dramáticas como la profecía u horóscopo inicial en la obra, que crea expectativas engañosas para el público, por ejemplo en La cisma de Inglaterra o en la misma La vida es sueño. Calderón se da cuenta a veces de lo artificial y mecánica que resulta la fórmula dramática barroca y por ello se permite a veces hacer juegos o bromas metateatrales permitiendo a sus actores hacer comentarios sobre los tópicos teatrales que les salen al paso.

Durante un tiempo se subestimó el teatro cómico de Calderón, pero últimamente ha sido revalorizado, pues ciertamente compuso obras maestras en el género que pueden ser calificadas como comedias de enredo, como La dama duende, Casa con dos puertas, mala es de guardar o El galán fantasma.

Con Calderón de la Barca adquirió plena relevancia en la comedia barroca la escenografía - lo que él llamaba «memoria de las apariencias»- y la música, (se considera a Calderón el primer autor de zarzuelas) en búsqueda de un espectáculo barroco integral. Con este fin colaboró estrechamente con escenógrafos italianos como Cosme Lotti. La carpintería efímera teatral se convirtió en un elemento clave en la composición de sus obras, que de esa manera se transformaban en complejos emblemas alegóricos preñados de simbolismo moral.

En cuanto a su lenguaje, se puede considerar que es la culminación teatral del culteranismo, pero en sus personajes se acusa un característico frenesí razonador: los personajes calderonianos piensan de modo férreo e impecablemente lógico, aunque sus premisas sean de hecho absurdas; de esa manera, los característicos maridos calderonianos enloquecen de celos y justifican sus crímenes de forma impecable pero éticamente absurda, abundando en su lenguaje abundantes nexos de subordinación lógica causal, consecutiva, condicional, concesiva o final. La metaforización sufre también ese proceso de logicismo mecánico y desarrolla en exclusiva un sistema de símbolos fundado en la combinatoria de los cuatro elementos. Abundan los juegos metateatrales, pues no se le ocultaba al propio autor el convenicionalismo a que había llegado la fórmula lopesca, y los diálogos fragmentados "al alimón", en que dos o más personajes se van continuando y terminando las frases que dejan a medias sucesiva y simétricamente.

La fórmula dramática calderoniana y su particular estilo fueron imitados por importantes ingenios que, como el madrileño, refundieron obras ya compuestas por Lope y sus discípulos al mismo tiempo que componían piezas originales. Los más importantes entre estos autores fueron Francisco Rojas Zorrilla y Agustín Moreto.

La vida es sueño

Personajes

ROSAURA, dama
SEGISMUNDO, príncipe
CLOTALDO, viejo
ESTRELLA, infanta
CLARÍN, gracioso
BASILIO, rey de Polonia
ASTOLFO, infante
GUARDIAS
SOLDADOS
MÚSICOS

JORNADA PRIMERA

(En las montañas de Polonia)
Salen en lo alto de un monte ROSAURA, en hábito de hombre, de camino, y en representado los primeros versos va bajando

ROSAURA: Hipogrifo violento
que corriste parejas con el viento,
¿dónde, rayo sin llama,
pájaro sin matiz, pez sin escama,
y bruto sin instinto
natural, al confuso laberinto
de esas desnudas peñas
te desbocas, te arrastras y despeñas?
Quédate en este monte,
donde tengan los brutos su Faetonte;
que yo, sin más camino
que el que me dan las leyes del destino,
ciega y desesperada
bajaré la cabeza enmarañada
de este monte eminente,
que arruga al sol el ceño de su frente.
Mal, Polonia, recibes
a un extranjero, pues con sangre escribes
su entrada en tus arenas,
y apenas llega, cuando llega a penas;
bien mi suerte lo dice;
mas ¿dónde halló piedad un infelice?

Sale CLARÍN, gracioso

CLARÍN: Di dos, y no me dejes
en la posada a mí cuando te quejes;
que si dos hemos sido
los que de nuestra patria hemos salido
a probar aventuras,

dos los que entre desdichas y locuras
aquí habemos llegado,
y dos los que del monte hemos rodado,
¿no es razón que yo sienta
meterme en el pesar, y no en la cuenta?

ROSAURA: No quise darte parte
en mis quejas, Clarín, por no quitarte,
llorando tu desvelo,
el derecho que tienes al consuelo.
Que tanto gusto había
en quejarse, un filósofo decía,
que, a trueco de quejarse,
habían las desdichas de buscarse.

CLARÍN: El filósofo era
un borracho barbón; ¡oh, quién le diera
más de mil bofetadas!
Quejárase después de muy bien dadas.
Mas ¿qué haremos, señora,
a pie, solos, perdidos y a esta hora
en un desierto monte,
cuando se parte el sol a otro horizonte?

ROSAURA: ¡Quién ha visto sucesos tan extraños!
Mas si la vista no padece engaños
que hace la fantasía,
a la medrosa luz que aun tiene el día,
me parece que veo
un edificio.

CLARÍN: O miente mi deseo,
o termino las señas.

ROSAURA: Rústico nace entre desnudas peñas
un palacio tan breve
que el sol apenas a mirar se atreve;
con tan rudo artificio
la arquitectura está de su edificio,
que parece, a las plantas
de tantas rocas y de peñas tantas
que al sol tocan la lumbre,
peñasco que ha rodado de la cumbre.

CLARÍN: Vámonos acercando;
que éste es mucho mirar, señora, cuando
es mejor que la gente
que habita en ella, generosamente
nos admita.

ROSAURA: La puerta

-mejor diré funesta boca- abierta
está, y desde su centro
nace la noche, pues la engendra dentro.

Suena ruido de cadenas

CLARÍN: ¿Qué es lo que escucho, cielo!

ROSAURA: Inmóvil bulto soy de fuego y hielo.

CLARÍN: ¿Cadenita hay que suena?
Mátenme, si no es galeote en pena.
Bien mi temor lo dice.

Dentro SEGISMUNDO

SEGISMUNDO: ¡Ay, mísero de mí, y ay infelice!

ROSAURA: ¡Qué triste vos escucho!
Con nuevas penas y tormentos lucho.

CLARÍN: Yo con nuevos temores.

ROSAURA: Clarín...

CLARÍN: ¿Señora...?

ROSAURA: Huyamos los rigores
de esta encantada torre.

CLARÍN: Yo aún no tengo
ánimo de huír, cuando a eso vengo.

ROSAURA: ¿No es breve luz aquella
caduca exhalación, pálida estrella,
que en trémulos desmayos
pulsando ardores y latiendo rayos,
hace más tenebrosa
la obscura habitación con luz dudosa?
Sí, pues a sus reflejos
puedo determinar, aunque de lejos,
una prisión obscura;
que es de un vivo cadáver sepultura;
y porque más me asombre,
en el traje de fiera yace un hombre
de prisiones cargado
y sólo de la luz acompañado.
Pues huír no podemos,
desde aquí sus desdichas escuchemos.
Sepamos lo que dice.

Descúbrese SEGISMUNDO con una cadena y la luz vestido de pieles

SEGISMUNDO: ¡Ay mísero de mí, y ay infelice!
Apurar, cielos, pretendo,
ya que me tratáis así,
qué delito cometí
contra vosotros naciendo.
Aunque si nací, ya entiendo
qué delito he cometido;
bastante causa ha tenido
vuestra justicia y rigor,
pues el delito mayor
del hombre es haber nacido.
Sólo quisiera saber
para apurar mis desvelos
-dejando a una parte, cielos,
el delito del nacer-,
¿qué más os pude ofender,
para castigarme más?
¿No nacieron los demás?
Pues si los demás nacieron,
¿qué privilegios tuvieron
que no yo gocé jamás?
Nace el ave, y con las galas
que le dan belleza suma,
apenas es flor de pluma,
o ramillete con alas,
cuando las etéreas salas
corta con velocidad,
negándose a la piedad
del nido que dejan en calma;
¿y teniendo yo más alma,
tengo menos libertad?
Nace el bruto, y con la piel
que dibujan manchas bellas,
apenas signo es de estrellas
-gracias al docto pincel-,
cuando, atrevido y cruel,
la humana necesidad
le enseña a tener crueldad,
monstruo de su laberinto;
¿y yo, con mejor instinto,
tengo menos libertad?
Nace el pez, que no respira,
aborto de ovas y lamas,
y apenas bajel de escamas
sobre las ondas se mira,
cuando a todas partes gira,
midiendo la inmensidad
de tanta capacidad
como le da el centro frío;

¿y yo, con más albedrío,
tengo menos libertad?
Nace el arroyo, culebra
que entre flores se desata,
y apenas sierpe de plata,
entre las flores se quiebra,
cuando músico celebra
de las flores la piedad
que le dan la majestad
del campo abierto a su huída;
¿y teniendo yo más vida,
tengo menos libertad?
En llegando a esta pasión,
un volcán, un Etna hecho,
quisiera sacar del pecho
pedazos del corazón.
¿Qué ley, justicia o razón
negar a los hombres sabe
privilegios tan süave
excepción tan principal,
que Dios le ha dado a un cristal,
a un pez, a un bruto y a un ave?

ROSAURA: Temor y piedad en mí
sus razones han causado.

SEGISMUNDO: ¿Quién mis voces ha escuchado?
¿Es Clotaldo?

CLARÍN: Di que sí.

ROSAURA: No es sino un triste, ¡ay de mí!,
que en estas bóvedas frías
oyó tus melancolías.

SEGISMUNDO. Pues la muerte te daré
porque no sepas que sé
que sabes flaquezas mías.
Sólo porque me has oído,
entre mis membrudos brazos
te tengo de hacer pedazos.

CLARÍN: Yo soy sordo, y no he podido
escucharte.

ROSAURA: Si has nacido
humano, baste el postrarme
a tus pies para librarme.

SEGISMUNDO: Tu voz pudo enternecerme,
tu presencia suspenderme,

y tu respeto turbarme.
¿Quién eres? Que aunque yo aquí
tan poco del mundo sé,
que cuna y sepulcro fue
esta torre para mí;
y aunque desde que nací
-si esto es nacer- sólo advierto
eres rústico desierto
donde miserable vivo,
siendo un esqueleto vivo,
siendo un animado muerte.
Y aunque nunca vi ni hablé
sino a un hombre solamente
que aquí mis desdichas siente,
por quien las noticias sé
del cielo y tierra; y aunque
aquí, por que más te asombres
y monstruo humano me nombres,
este asombros y quimeras,
soy un hombre de las fieras
y una fiera de los hombres.
Y aunque en desdichas tan graves,
la política he estudiado,
de los brutos enseñado,
advertido de las aves,
y de los astros süaves
los círculos he medido,
tú sólo, tú has suspendido
la pasión a mis enojos,
la suspensión a mis ojos,
la admiración al oído.
Con cada vez que te veo
nueva admiración me das,
y cuando te miro más,
aun más mirarte deseo.
Ojos hidrópicos creo
que mis ojos deben ser;
pues cuando es muerte el beber,
beben más, y de esta suerte,
viendo que el ver me da muerte,
estoy muriendo por ver.
Pero véate yo y muera;
que no sé, rendido ya,
si el verte muerte me da,
el no verte ¿qué me diera?
Fuera más que muerte fiera,
ira, rabia y dolor fuerte
fuera vida. De esta suerte
su rigor he ponderado,
pues dar vida a una desdichado
es dar a un dichoso muerte.

ROSAURA: Con asombro de mirarte,
con admiración de oírte,
ni sé qué pueda decirte,
ni qué pueda preguntarte;
sólo diré que a esta parte
hoy el cielo me ha guïado
para haberme consolado,
si consuelo puede ser
del que es desdichado, ver
a otro que es más desdichado.
Cuentan de un sabio que un día
tan pobre y mísero estaba,
que sólo se sustentaba
de unas yerbas que comía.
¿Habrá otro -entre sí decía-
más pobre y triste que yo?
Y cuando el rostro volvió,
halló la respuesta, viendo
que iba otro sabio cogiendo
las hojas que él arrojó.
Quejoso de la fortuna
yo en este mundo vivía,
y cuando entre mí decía:
¿Habrá otra persona alguna
de suerte más importuna?,
piadoso me has respondido;
pues volviendo en mi sentido,
hallo que las penas mías,
para hacerlas tú alegrías
las hubieras recogido.

Y por si acaso mis penas
pueden aliviarte en parte,
óyelas atento, y toma
las que de ellas no sobraren.
Yo soy...

Dentro CLOTALDO

CLOTALDO: Guardas de esta torre,
que, dormidas o cobardes,
disteis paso a dos personas
que han quebrantado la cárcel...

ROSAURA: Nueva confusión padezco.

SEGISMUNDO: Éste es Clotaldo, mi alcalde.
¿Aun no acaban mis desdichas?

CLOTALDO: Acudid, y vigilantes,

sin que puedan defenderse,
o prendedles o matadles.

TODOS: ¡Traición!

CLARÍN: Guardas de esta torre,
que entrar aquí nos dejasteis,
pues que nos dais a escoger,
el prendernos es más fácil.

Sale CLOTALDO con pistola y soldados, todos con los rostros cubiertos

CLOTALDO: Todos os cubrid los rostros;
que es diligencia importante
mientras estamos aquí
que no nos conozca nadie.

CLARÍN: ¿Enmascaraditos hay?

CLOTALDO: ¡Oh vosotros que, ignorantes
de aqueste vedado sitio,
coto y término pasasteis
contra el decreto del rey,
que manda que no ose nadie
examinar el prodigio
que entre estos peñascos yace!
Rendid las armas y vidas,
o aquesta pistola, áspid
de metal, escupirá
el veneno penetrante
de dos balas, cuyo fuego
será escándalo del aire.

SEGISMUNDO: Primero, tirano dueño,
que los ofendas y agravies,
será mi vida despojo
de estos lazos miserables;
pues en ellos, ¡vive Dios!,
tengo de despedazarme
con las manos, con los dientes,
entre aquestas peñas, antes
que su desdicha consienta
y que llore sus ultrajes.

CLOTALDO: Si sabes que tus desdichas,
Segismundo, son tan grandes,
que antes de nacer moriste
por ley del cielo; si sabes
que aquestas prisiones son
de tus furias arrogantes
un freno que las detenga

y una rienda que las pare,
¿por qué blasonas? La puerta
cerrad de esa estrecha cárcel;
escondedle en ella.

Ciérranle la puerta, y dice dentro

SEGISMUNDO: ¡Ah, cielos,
qué bien hacéis en quitarme
la libertad; porque fuera
contra vosotros gigante,
que para quebrar al sol
esos vidrios y cristales,
sobre cimientos de piedra
pusiera montes de jaspe!

CLOTALDO: Quizá porque no los pongas,
hoy padeces tantos males.

ROSAURA: Ya que vi que la soberbia
te ofendió tanto, ignorante
fuera en no pedirte humilde
vida que a tus plantas yace.
Muévate en mí la piedad;
que será rigor notable,
que no hallen favor en ti
ni soberbias ni humildades.

CLARÍN: Y si Humildad y Soberbia
no te obligan, personajes
que han movido y removido
mil autos sacramentales,
yo, ni humilde ni soberbio,
sino entre las dos mitades
entreverado, te pido
que nos remedies y ampares.

CLOTALDO: ¡Hola!

SOLDADOS: Señor...

CLOTALDO: A los dos
quitad las armas, y atadles
los ojos, porque no vean
cómo ni de dónde salen.

ROSAURA: Mi espada es ésta, que a ti
solamente ha de entregarse,
porque, al fin, de todos eres
el principal, y no sabe
rendirse a menos valor.

CLARÍN: La mía es tal, que puede darse
al más ruín. Tomadla vos.

ROSAURA: Y si he de morir, dejarte
quiero, en fe de esta piedad,
prenda que pudo estimarse
por el dueño que algún día
se la ciñó; que la guardes
te encargo, porque aunque yo
no sé qué secreto alcance,
sé que esta dorada espada
encierra misterios grandes,
pues sólo fiado en ella
vengo a Polonia a vengarme
de un agravio.

CLOTALDO: ¡Santos cielos! (Aparte)
¿Qué es esto? Ya son más graves
mis penas y confusiones,
mis ansias y mis pesares).
¿Quién te la dio?

ROSAURA: Una mujer.

CLOTALDO: ¿Cómo se llama?

ROSAURA: Que calle
su nombre es fuerza.

CLOTALDO: ¿De qué
infieres agora, o sabes,
que hay secreto en esta espada?

ROSAURA: Quien me la dio, dijo: "Parte
a Polonia, y solicita
con ingenio, estudio o arte,
que te vean esa espada
los nobles y principales;
que yo sé que alguno de ellos
te favorezca y ampare;"
que, por si acaso era muerto,
no quiso entonces nombrarle.

CLOTALDO: ¡Válgame el cielo! ¿Qué escucho? (Aparte)
Aún no sé determinarme
si tales sucesos son
ilusiones o verdades.
Esta espada es la que yo
dejé a la hermosa Violante,
por señas que el que ceñida

la trujera había de hallarme
amoroso como hijo
y piadoso como padre.
¿Pues qué he de hacer, ¡ay de mí!,
en confusión semejante,
si quien la trae por favor,
para su muerte la trae,
pues que sentenciado a muerte
llega a mis pies? ¡Qué notable
confusión! ¡Qué triste hado!
¡Qué suerte tan inconstante!
Éste es mi hijo, y las señas
dicen bien con las señales
del corazón, que por verle
llama al pecho y en él bate
las alas, y no pudiendo
romper los candados, hace
lo que aquel que está encerrado,
y oyendo ruido en la calle
se arroja por la ventana,
y él así, como no sabe
lo que pasa, y oye el ruido,
va a los ojos a asomarse,
que son ventanas del pecho
por donde en lágrimas sale.
¿Qué he de hacer? ¡Válgame el cielo!
¿Qué he de hacer? Porque llevarle
al rey, es llevarle, ¡ay triste!,
a morir. Pues ocultarle
al rey, no puedo, conforme
a la ley del homenaje.
De una parte el amor propio,
y la lealtad de otra parte
me rinden. Pero ¿qué dudo?
La lealtad del rey, ¿no es antes
que la vida y que el honor?
Pues ella vida y él falte.
Fuera de que, si agora atiendo
a que dijo que a vengarse
viene de un agravio, hombre
que está agraviado es infame.
No es mi hijo, no es mi hijo,
ni tiene mi noble sangre.
Pero si ya ha sucedido
un peligro, de quien nadie
se libró, porque el honor
es de materia tan frágil
que con una acción se quiebra,
o se mancha con un aire,
¿qué más puede hacer, qué más
el que es noble, de su parte,

que a costa de tantos riesgos
haber venido a buscarle?
Mi hijo es, mi sangre tiene,
pues tiene valor tan grande;
y así, entre una y otra duda
el medio más importante
es irme al rey y decirle
que es mi hijo que le mate.
Quizá la misma piedad
de mi honor podrá obligarle;
y si le merezco vivo,
yo le ayudaré a vengarse
de su agravio, mas si el rey,
en sus rigores constante,
le da muerte, morirá
sin saber que soy su padre).
Venid conmigo, extranjeros,
no temáis, no, de que os falte
compañía en las desdichas;
pues en duda semejante
de vivir o de morir
no sé cuáles son más grandes.

Vanse todos

(En el palacio real)

Sale por una puerta ASTOLFO con acompañamiento de soldados, y por otra ESTRELLA con damas. Suena música.

ASTOLFO: Bien al ver los excelentes
rayos, que fueron cometas,
mezclan salvas diferentes
las cajas y las trompetas,
los pájaros y las fuentes;
siendo con música igual,
y con maravilla suma,
a tu vista celestial
unos, clarines de pluma,
y otras, aves de metal;
y así os saludan, señora,
como a su reina las balas,
los pájaros como a Aurora,
las trompetas como a Palas
y las flores como a Flora;
porque sois, burlando el día
que ya la noche destierra,
Aurora, en el alegría,
Flora en paz, Palas en guerra,
y reina en el alma mía.

ESTRELLA: Si la voz se ha de medir
con las acciones humanas,
mal habéis hecho en decir
finezas tan cortesanas,
donde os pueda desmentir
todo ese marcial trofeo
con quien ya atrevida lucho;
pues no dicen, según creo,
las lisonjas que os escucho,
con los rigores que veo.
Y advertid que es baja acción,
que sólo a una fiera toca,
madre de engaño y traición,
el halagar con la boca
y matar con la intención.

ASTOLFO: Muy mal informado estáis,
Estrella, pues que la fe
de mis finezas dudáis,
y os suplico que me oigáis
la causa, a ver si la sé.
Falleció Eustorgio Tercero,
rey de Polonia; quedó
Basilio por heredero,
y dos hijas, de quien yo
y vos nacimos. No quiero
cansar con lo que no tiene
lugar aquí, Clorilene,
vuestra madre y mi señora,
que en mejor imperio agora
dosel de luceros tiene,
fue la mayor, de quien vos
sois hija; fue la segunda,
madre y tía de los dos,
la gallarda Recisunda,
que guarde mil años Dios;
casó en Moscovia; de quien
nací yo. Volver agora
al otro principio es bien.
Basilio, que ya, señora,
se rinde al común desdén
del tiempo, más inclinado
a los estudios que dado
a mujeres, enviudó
sin hijos, y vos y yo
aspiramos a este estado.
Vos alegáis que habéis sido
hija de hermana mayor;
yo, que varón he nacido,
y aunque de hermana menor,
os debo ser preferido.

Vuestra intención y la mía
a nuestro tío contamos;
él respondió que quería
componernos, y aplazarnos
este puesto y este día.
Con esta intención salí
de Moscovia y de su tierra;
con ésta llegué hasta aquí,
en vez de haceros yo guerra
a que me la hagáis a mí.
¡Oh!, quiera Amor, sabio dios,
que el vulgo, astrólogo cierto,
hoy lo sea con los dos,
y que pare este concierto
en que seáis reina vos,
pero reina en mi albedrío.
Dándoos, para más honor,
su corona nuestro tío,
sus triunfos vuestro valor
y su imperio el amor mío.

ESTRELLA: A tan cortés bizarría
menos mi pecho no muestra,
pues la imperial monarquía,
para sólo hacerla vuestra
me holgara que fuese mía;
aunque no está satisfecho
mi amor de que sois ingrato,
si en cuanto decís sospecho
que os desmiente ese retrato
que está pendiente del pecho.

ASTOLFO: Satisfaceros intento
con él... Mas lugar no da
tanto sonoro instrumento,
que avisa que sale ya
el rey con su parlamento.

Tocan y sale el rey BASILIO, viejo y acompañamiento

ESTRELLA: Sabio Tales...

ASTOLFO: Docto Euclides...

ESTRELLA: ...que entre signos...

ASTOLFO: ...que entre estrellas...

ESTRELLA: ...hoy gobiernas...

ASTOLFO: ...hoy resides...

ESTRELLA: ...y sus caminos...

ASTOLFO: ...sus huellas...

ESTRELLA: ...describes...

ASTOLFO: ...tasas y mides...

ESTRELLA: ...deja que en humildes lazos...

ASTOLFO: ...deja que en tiernos abrazos...

ESTRELLA: ...hiedra de ese tronco sea.

ASTOLFO: ...rendido a tus pies me vea.

BASILIO: Sobrinos, dadme los brazos,
y creed, pues que leales
a mi precepto amoroso
venís con afectos tales,
que a nadie deje quejoso
y los dos quedéis iguales;
y así, cuando me confieso
rendido al prolijo peso,
sólo os pido en la ocasión
silencio, que admiración
ha de pedirla el suceso.
Ya sabéis -estadme atentos,
amados sobrinos míos,
corte ilustre de Polonia,
vasallo, deudos y amigos--,
ya sabéis que yo en el mundo
por mi ciencia he merecido
el sobrenombre de docto,
pues, contra el tiempo y olvido,
los pinceles de Timantes,
los mármoles de Lisipo,
en el ámbito del orbe
me aclaman el gran Basilio.
Ya sabéis que son las ciencias
que más curso y más estimo,
matemáticas sutiles,
por quien al tiempo le quito,
por quien a la fama rompo
la jurisdicción y oficio
de enseñar más cada día;
pues, cuando en mis tablas miro
presentes las novedades
de los venideros siglos,
le gano al tiempo las gracias

de contar lo que yo he dicho.
Esos círculos de nieve,
esos doseles de vidrio
que el sol ilumina a rayos,
que parte la luna a giros;
esos orbes de diamantes,
esos globos cristalinos
que las estrellas adornan
y que campean los signos,
son el estudio mayor
de mis años, son los libros
donde en papel de diamante,
en cuadernos de zafiros,
escribe con líneas de oro,
en caracteres distintos,
el cielo nuestros sucesos
ya adversos o ya benignos.
Éstos leo tan veloz,
que con mi espíritu sigo
sus rápidos movimientos
por rumbos o por caminos.
¡Pluguiera al cielo, primero
que mi ingenio hubiera sido
de sus márgenes comento
y de sus hojas registro,
hubiera sido mi vida
el primero desperdicio
de sus iras, y que en ellas
mi tragedia hubiera sido;
porque de los infelices
aun el mérito es cuchillo,
que a quien le daña el saber
homicida es de sí mismo!
Dígalo yo, aunque mejor
lo dirán sucesos míos,
para cuya admiración
otra vez silencio os pido.
En Clorilene, mi esposa,
tuve un infelice hijo,
en cuyo parto los cielos
se agotaron de prodigios.
Antes que a la luz hermosa
le diese el sepulcro vivo
de un vientre -porque el nacer
y el morir son parecidos-,
su madre infinitas veces,
entre ideas y delirios
del sueño, vio que rompía
sus entrañas, atrevido,
un monstruo en forma de hombre,
y entre su sangre teñido,

le daba muerte, naciendo
víbora humana del siglo.
Llegó de su parto el día,
y los presagios cumplidos
-porque tarde o nunca son
mentirosos los impíos-,
nació en horóscopo tal,
que el sol, en su sangre tinto,
entraba sañudamente
con la luna en desafío;
y siendo valla la tierra,
los dos faroles divinos
a luz entera luchaban,
ya que no a brazo partido.
El mayor, el más horrendo
eclipse que ha padecido
el sol, después que con sangre
lloró la muerte de Cristo,
éste fue, porque anegado
el orbe entre incendios vivos,
presumió que padecía
el último parosismo;
los cielos se escurecieron,
temblaron los edificios,
llovieron piedras las nubes,
corrieron sangre los ríos.
En este mísero, en este
mortal planeta o signo,
nació Segismundo, dando
de su condición indicios,
pues dio la muerte a su madre,
con cuya fiereza dijo:
"Hombre soy, pues que ya empiezo
a pagar mal beneficios."
Yo, acudiendo a mis estudios,
en ellos y en todo miro
que Segismundo sería
el hombre más atrevido,
el príncipe más crüel
y el monarca más impío,
por quien su reino vendría
a ser parcial y diviso,
escuela de las traiciones
y academia de los vicios;
y él, de su furor llevado,
entre asombros y delitos,
había de poner en mí
las plantas, y yo, rendido,
a sus pies me había de ver
-¡con qué congoja lo digo!-
siendo alfombra de sus plantas

las canas del rostro mío.
¿Quién no da crédito al daño,
y más al daño que ha visto
en su estudio, donde hace
el amor propio su oficio?
Pues dando crédito yo
a los hados, que adivinos
me pronosticaban daños
en fatales vaticinios,
determiné de encerrar
la fiera que había nacido,
por ver si el sabio tenía
en las estrellas dominio.
Publicóse que el infante
nació muerto, y prevenido
hice labrar una torre
entre las peñas y riscos
de esos montes, donde apenas
la luz ha hallado camino,
por defenderle la entrada
sus rústicos obeliscos.
Las graves penas y leyes,
que con públicos editos
declararon que ninguno
entrase a un vedado sitio
del monte, se ocasionaron
de las causas que os he dicho.
Allí Segismundo vive
mísero, pobre y cautivo,
adonde sólo Clotaldo
le ha hablado, tratado y visto.
Éste le ha enseñado ciencias;
éste en la ley le ha instruído
católica, siendo solo
de sus miserias testigo.
Aquí hay tres cosas: La una
que yo, Polonia, os estimo
tanto, que os quiero librar
de la opresión y servicio
de un rey tirano, porque
no fuera señor benigno
el que a su patria y su imperio
pusiera en tanto peligro.
La otra es considerar
que si a mi sangre le quito
el derecho que le dieron
humano fuero y divino,
no es cristiana caridad;
pues ninguna ley ha dicho
que por reservar yo a otro
de tirano y de atrevido,

pueda yo serlo, supuesto
que si es tirano mi hijo,
porque él delito no haga,
vengo yo a hacer los delitos.
Es la última y tercera
el ver cuánto yerro ha sido
dar crédito fácilmente
a los sucesos previstos;
pues aunque su inclinación
le dicte sus precipicios,
quizá no le vencerán,
porque el hado más esquivo,
la inclinación más violenta,
el planeta más impío,
sólo el albedrío inclinan,
no fuerzan el albedrío.
Y así, entre una y otra causa
vacilante y discursivo,
previne un remedio tal,
que os suspenda los sentidos.
Yo he de ponerle mañana,
sin que él sepa que es mi hijo
y rey vuestro, a Segismundo,
que aqueste su nombre ha sido,
en mi dosel, en mi silla,
y en fin, en el lugar mío,
donde os gobierne y os mande,
y donde todos rendidos
la obediencia le juréis;
pues con aquesto consigo
tres cosas, con que respondo
a las otras tres que he dicho.
Es la primera, que siendo
prudente, cuerdo y benigno,
desmintiendo en todo al hado
que de él tantas cosas dijo,
gozaréis el natural
príncipe vuestro, que ha sido
cortesano de unos montes
y de sus fieras vecino.
Es la segunda, que si él,
soberbio, osado, atrevido
y cruel, con rienda suelta
corre el campo de sus vicios,
habré yo, piadoso, entonces
con mi obligación cumplido;
y luego en desposeerle
haré como rey invicto,
siendo el volverle a la cárcel
no crueldad, sino castigo.
Es la tercera, que siendo

el príncipe como os digo,
por lo que os amo, vasallos,
os daré reyes más dignos
de la corona y el cetro;
pues serán mis dos sobrinos
que junto en uno el derecho
de los dos, y convenidos
con la fe del matrimonio,
tendrá lo que han merecido.
Esto como rey os mando,
esto como padre os pido,
esto como sabio os ruego,
esto como anciano os digo;
y si el Séneca español,
que era humilde esclavo, dijo,
de su república un rey,
como esclavo os lo suplico.

ASTOLFO: Si a mí responder me toca,
como el que, en efecto, ha sido
aquí el más interesado,
en nombre de todos digo,
que Segismundo parezca,
pues le basta ser tu hijo.

TODOS: Danos al príncipe nuestro,
que ya por rey le pedimos.

BASILIO: Vasallos, esa fineza
os agradezco y estimo.
Acompañad a sus cuartos
a los dos atlantes míos,
que mañana le veréis.

TODOS: ¡Viva el grande rey Basilio!

Vanse todos. Antes que se va el rey BASILIO, sale CLOTALDO, ROSAURA, CLARÍN, y detiénese el rey

CLOTALDO: ¿Podréte hablar?

BASILIO: ¡Oh, Clotaldo!,
tú seas muy bien venido.

CLOTALDO: Aunque viniendo a tus plantas
es fuerza el haberlo sido,
esta vez rompe, señor,
el hado triste y esquivo
el privilegio a la ley

y a la costumbre el estilo.

BASILIO: ¿Qué tienes?

CLOTALDO: Una desdicha,
señor, que me ha sucedido,
cuando pudiera tenerla
por el mayor regocijo.

BASILIO: Prosigue.

CLOTALDO: Este bello joven,
osado o inadvertido,
entró en la torre, señor,
adonde al príncipe ha visto,
y es...

BASILIO: No te aflijas, Clotaldo;
si otro día hubiera sido,
confieso que lo sintiera;
pero ya el secreto he dicho,
y no importa que él los sepa,
supuesto que yo lo digo.
Vedme después, porque tengo
muchas cosas que advertiros
y muchas que hagáis por mí;
que habéis de ser, os aviso,
instrumento del mayor
suceso que el mundo ha visto;
y a esos presos, porque al fin
no presumáis que castigo
descuidos vuestros, perdono.

Vase el rey BASILIO

CLOTALDO: ¡Vivas, gran señor, mil siglos!
(Mejoró el cielo la suerte. Aparte
Ya no diré que es mi hijo,
pues que lo puedo excusar).
Extranjeros peregrinos,
libres estáis.

ROSAURA: Tus pies beso
mil veces.

CLARÍN: Y yo los piso,
que una letra más o menos
no reparan dos amigos.

ROSAURA: La vida, señor, me das dado;
y pues a tu cuenta vivo,

eternamente seré
esclavo tuyo.

CLOTALDO: No ha sido
vida la que yo te he dado;
porque un hombre bien nacido,
si está agraviado, no vive;
y supuesto que has venido
a vengarte de un agravio,
según tú propio me has dicho,
no te he dado vida yo,
porque tú no la has traído;
que vida infame no es vida.
(Bien con aquesto le animo). Aparte

ROSAURA: Confieso que no la tengo,
aunque de ti la recibo;
pero yo con la venganza
dejaré mi honor tan limpio,
que pueda mi vida luego,
atropellando peligros,
parecer dádiva tuya.

CLOTALDO: Toma el acero bruñido
que trujiste; que yo sé
que él baste, en sangre teñido
de tu enemigo, a vengarte;
porque acero que fue mío
-digo este instante, este rato
que en mi poder le he tenido-,
sabrá vengarte.

ROSAURA: En tu nombre
segunda vez me le ciño.
Y en él juro mi venganza,
aunque fuese mi enemigo
más poderoso.

CLOTALDO: ¿Eslo mucho?

ROSAURA: Tanto, que no te lo digo,
no porque de tu prudencia
mayores cosas no fío,
sino porque no se vuelva
contra mí el favor que admiro
en tu piedad.

CLOTALDO: Antes fuera
ganarme a mí con decirlo;
pues fuera cerrarme el paso
de ayudar a tu enemigo.

(¡Oh, si supiera quién es!) Aparte

ROSAURA: Porque no pienses que estimo
tan poco esa confianza,
sabe que el contrario ha sido
no menos que Astolfo, duque
de Moscovia.

CLOTALDO: (Mal resisto Aparte
el dolor, porque es más grave,
que fue imaginado, visto.
Apuremos más el caso).
Si moscovita has nacido,
el que es natural señor,
mal agraviarte ha podido;
vuélvete a tu patria, pues,
y deja el ardiente brío
que te despeña.

ROSAURA: Yo sé
que aunque mi príncipe ha sido
pudo agraviarme.

CLOTALDO: No pudo,
aunque pusiera, atrevido,
la mano en tu rostro. (¡Ay, cielos!)

ROSAURA: Mayor fue el agravio mío.

CLOTALDO: Dilo ya, pues que no puedes
decir más que yo imagino.

ROSAURA: Sí dijera; mas no sé
con qué respeto te miro,
con qué afecto te venero,
con qué estimación te asisto,
que no me atrevo a decirte
que es este exterior vestido
enigma, pues no es de quien
parece. Juzga advertido,
si no soy lo que parezco
y Astolfo a casarse vino
con Estrella, si podrá
agraviarme. Harto te he dicho.

Vanse ROSAURA y CLARÍN

CLOTALDO: ¡Escucha, aguarda, detente!
¿Qué confuso laberinto
es éste, donde no puede
hallar la razón el hilo?

Mi honor es el agraviado,
poderoso el enemigo,
yo vasallo, ella mujer;
descubra el cielo camino;
aunque no sé si podrá,
cuando, en tan confuso abismo,
es todo el cielo un presagio,
y es todo el mundo un prodigio.

Vase CLOTALDO

FIN DE LA JORNADA PRIMERA

JORNADA SEGUNDA

(En el palacio real)

Salen el rey BASILIO y CLOTALDO

CLOTALDO: Todo, como lo mandaste,
queda efectuado.

BASILIO: Cuenta,
Clotaldo, cómo pasó.

CLOTALDO: Fue, señor, de esta manera:
con la apacible bebida
que de confecciones llena
hacer mandaste, mezclando
la virtud de algunas hierbas,
cuyo tirano poder
y cuya secreta fuerza
así el humano discurso
priva, roba y enajena,
que deja vivo cadáver
a un hombre, y cuya violencia,
adormecido, le quita
los sentidos y potencias...
No tenemos que argüir
que aquesto posible sea,
pues tantas veces, señor,
nos ha dicho la experiencia,
y es cierto, que de secretos
naturales, está llena
la medicina, y no hay
animal, planta ni piedra
que no tenga calidad
determinada, y si llega
a examinar mil venenos
la humana malicia nuestra
que den la muerte, ¿qué mucho
que, templada su violencia,
pues hay venenos que maten,
haya venenos que aduerman?
Dejando aparte el dudar,
si es posible que suceda,
pues que ya queda probado
con razones y evidencias...
Con la bebida, en efeto,
que el opio, la adormidera
y el beleño, compusieron,
bajé a la cárcel estrecha
de Segismundo; con él
hablé un rato de las letras
humanas, que le ha enseñado

la muda naturaleza
de los montes y los cielos,
en cuya divina escuela
la retórica aprendió
de las aves y las fieras.
Para levantarle más
el espíritu a la empresa
que solicitas, tomé
por asunto la presteza
de una águila caudalosa,
que despreciando la esfera
del viento, pasaba a ser,
en las regiones supremas
del fuego, rayo de pluma,
o desasido cometa.
Encarecí el vuelo altivo
diciendo: "Al fin eres reina
de las aves, y así, a todas
es justo que te prefieras."
Él no hubo menester más;
que en tocando esta materia
de la majestad, discurre
con ambición y soberbia;
porque, en efecto, la sangre
le incita, mueve y alienta
a cosas grandes, y dijo:
"¡Que en la república inquieta
de las aves también haya
quien les jure la obediencia!
En llegado a este discurso,
mis desdichas me consuelan;
pues, por lo menos, si estoy
sujeto, lo estoy por fuerza;
porque voluntariamente
a otro hombre no me rindiera."
Viéndole ya enfurecido
con esto, que ha sido el tema
de su dolor, le brindé
con la pócima, y apenas
pasó desde el vaso al pecho
el licor, cuando las fuerzas
rindió al sueño, discurriendo
por los miembros y las venas
un sudor frío, de modo
que, a no saber yo que era
muerte fingida, dudara
de su vida. En esto llegan
las gentes de quien tú fías
el valor de esta experiencia,
y poniéndole en un coche,
hasta tu cuarto le llevan,

donde prevenida estaba
la majestad y grandeza
que es digna de su persona.
Allí en tu cama le acuestan,
donde al tiempo que el letargo
haya perdido la fuerza,
como a ti mismo, señor,
le sirvan, que así lo ordenas.
Y si haberte obedecido
te obliga a que yo merezca
galardón, sólo te pido
-perdona mi inadvertencia-
que me digas, ¿qué es tu intento,
trayendo de esta manera
a Segismundo a palacio?

BASILIO: Clotaldo, muy justa es esa
duda que tienes, y quiero
sólo a vos satisfacerla.
A Segismundo, mi hijo,
el influjo de su estrella,
-vos lo sabéis-, amenaza
mil desdichas y tragedias;
quiero examinar si el cielo
-que no es posible que mienta,
y más habiéndonos dado
de su rigor tantas muestras,
en su cruel condición-
o se mitiga, o se templa
por lo menos, y, vencido,
con valor y con prudencia
se desdice; porque el hombre
predomina en las estrellas.
Esto quiero examinar,
trayéndole donde sepa
que es mi hijo, y donde haga
de su talento la prueba.
Si magnánimo se vence,
reinará; pero si muestra
el ser cruel y tirano,
le volveré a su cadena.
Agora preguntarás,
que para aquesta experiencia,
¿qué importó haberle traído
dormido de esta manera?
Y quiero satisfacerte,
dándote a todo respuesta.
Si él supiera que es mi hijo
hoy, y mañana se viera
segunda vez reducido
a su prisión y miseria,

cierto es de su condición
que desesperara en ella;
porque, sabiendo quién es,
¿qué consuelo habrá que tenga?
Y así he querido dejar
abierta al daño esta puerta
del decir que fue soñado
cuanto vio. Con esto llegan
a examinarse dos cosas;
su condición, la primera;
pues él despierto procede
en cuanto imagina y piensa;
y en consuelo, la segunda,
pues, aunque agora se vea
obedecido, y después
a sus prisiones se vuelva,
podrá entender que soñó,
y hará bien cuando lo entienda;
porque en el mundo, Clotaldo,
todos lo que viven sueñan.

CLOTALDO: Razones no me faltaran
para probar que no aciertas;
mas ya no tiene remedio;
y, según dicen las señas,
parece que ha despertado
y hacia nosotros se acerca.

BASILIO: Yo me quiero retirar;
tú, como ayo suyo, llega,
y de tantas confusiones
como su discurso cercan,
le saca con la verdad.

CLOTALDO: ¿En fin, que me das licencia
para que lo diga?

BASILIO: Sí;
que podrá ser, con saberla,
que, conocido el peligro,
más fácilmente se venza.

Vase el rey BASILIO y sale CLARÍN

CLARÍN: (A costa de cuatro palos, Aparte
que el llegar aquí me cuesta,
de un alabardero rubio
que barbó de su librea,
tengo de ver cuanto pasa;

que no hay ventana más cierta
que aquella que, sin rogar
a un ministro de boletas,
un hombre se trae consigo;
pues para todas las fiestas,
despojado y despejado
se asoma a su desvergüenza).

CLOTALDO: (Éste es Clarín, el criado Aparte
de aquélla, ¡ay cielos!, de aquélla
que, tratante de desdichas,
pasó a Polonia mi afrenta).
Clarín, ¿qué hay de nuevo?

CLARÍN: Hay,
señor, que tu gran clemencia,
dispuesta a vengar agravios
de Rosaura, la aconseja
que tome su propio traje.

CLOTALDO: Y es bien, por que no parezca
liviandad.

CLARÍN: Hay, que mudando
su nombre, y tomando, cuerda,
nombre de sobrina tuya,
hoy tanto honor se acrecienta,
que dama en palacio ya
de la singular Estrella
vive.

CLOTALDO: Es bien que de una vez
tome su honor por mi cuenta.

CLARÍN: Hay, que ella se está esperando
que ocasión y tiempo venga
en que vuelvas por su honor.

CLOTALDO: Prevención segura es ésa;
que, al fin, el tiempo ha de ser
quien haga esas diligencias.

CLARÍN: Hay, que ella está regalada,
servida como una reina,
en fe de sobrina tuya.
Y hay, que viniendo con ella,
estoy yo muriendo de hambre
y nadie de mí se acuerda,
sin mirar que soy Clarín,
y que si el tal Clarín suena,
podrá decir cuanto pasa

al rey, a Astolfo y a Estrella;
porque Clarín y crïado
son dos cosas que se llevan
con el secreto muy mal;
y podrá ser, si me deja
el silencio de su mano,
se cante por mí esta letra:
"Clarín que rompe el albor,
no suena mejor."

CLOTALDO: Tu queja está bien fundada;
yo satisfaré tu queja,
y en tanto, sírveme a mí.

CLARÍN: Pues ya Segismundo llega.

Salen músicos cantando, y criados dando de vestir a SEGISMUNDO, que sale como asombrado

SEGISMUNDO: ¡Válgame el cielo! ¿Qué veo?
-Válgame el cielo! ¿Qué miro?
Con poco espanto lo admiro,
con mucha duda lo creo.
¿Yo en palacios suntuosos?
¿Yo entre telas y brocados?
¿Yo cercado de criados
tan lucidos y briosos?
¿Yo despertar de dormir
en lecho tan excelente?
¿Yo en medio de tanta gente
que me sirva de vestir?
¡Decir que es sueño es engaño!
Bien sé que despierto estoy.
¿Yo Segismundo no soy?
Dadme, cielos, desengaño.
Decidme, ¿qué pudo ser
esto que a mi fantasía
sucedió mientras dormía,
que aquí me he llegado a ver?
Pero sea lo que fuere,
¿Quién me mete en discurrir?
Dejarme quiero servir,
y venga lo que viniere.

CRIADO 2: ¡Qué melancólico está!

CRIADO 1: Pues a quién le sucediera
esto, que no lo estuviera?

CLARÍN: A mí.

CRIADO 2: Llega a hablarle ya.

CRIADO 1: ¿Volverán a cantar?

SEGISMUNDO: No.
No quiero que canten más.

CRIADO 2: Como tan suspenso estás,
quise divertirte.

SEGISMUNDO: Yo
no tengo de divertir
con sus voces mis pesares;
las músicas militares
sólo he gustado de oír.

CLOTALDO: Vuestra alteza, gran señor,
me dé su mano a besar,
que el primero le ha de dar
esta obediencia mi honor.

SEGISMUNDO: (Clotaldo es. Pues, ¿cómo así Aparte
quien en prisión me maltrata,
con tal respeto me trata?
¿Qué es lo que pasa por mí?)

CLOTALDO: Con la grande confusión
que el nuevo estado te da,
mil dudas padecerá
el discurso y la razón;
pero ya librarte quiero
de todas, si puede ser,
porque has, señor, de saber
que eres príncipe heredero
de Polonia. Si has estado
retirado y escondido,
por obedecer ha sido
a la inclemencia del hado,
que mil tragedias consiente
a este imperio, cuando en él
el soberano laurel
corone tu augusta frente.
Mas, fiando a tu atención
que vencerás las estrellas,
porque es posible vencellas
a un magnánimo varón,
a palacio te han traído
de la torre en que vivías,
mientras al sueño tenías
el espíritu rendido.
Tu padre, el rey mi señor,

vendrá a verte, y de él sabrás,
Segismundo, lo demás.

SEGISMUNDO: Pues, vil, infame, traidor,
¿qué tengo más que saber,
después de saber quien soy,
para mostrar desde hoy
mi soberbia y mi poder?
¿Cómo a tu patria le has hecho
tal traición, que me ocultaste
a mí pues que me negaste,
contra razón y derecho,
este estado?

CLOTALDO: ¡Ay de mí, triste!

SEGISMUNDO: Traidor fuiste con la ley,
lisonjero con el rey,
y cruel conmigo fuiste.
Y así el rey, la ley y yo,
entre desdichas tan fieras,
te condenan a que mueras
a mis manos.

CRIADO 2: ¡Señor!...

SEGISMUNDO: No
me estorbe nadie, que es vana
diligencia. ¡Y vive Dios!
Si os ponéis delante vos,
que os eche por la ventana.

CRIADO 1: Huye Clotaldo.

CLOTALDO: ¡Ay de ti,
que soberbia vas mostrando
sin saber que están soñando!

Vase CLOTALDO

CRIADO 2: Advierte...

SEGISMUNDO: Apartad de aquí.

CRIADO 2: ...que a su rey obedeció.

SEGISMUNDO: En lo que no es justa ley
no ha de obedecer al rey;
y su príncipe era yo.

CRIADO 2: Él no debió examinar

si era bien hecho o mal hecho.

SEGISMUNDO: Que estáis mal con vos sospecho,
pues me dais que replicar.

CLARÍN: Dice el príncipe muy bien,
y vos hicisteis muy mal.

CRIADO 1: ¿Quién os dio licencia igual?

CLARÍN: Yo me la he tomado.

SEGISMUNDO: ¿Quién
eres tú, di?

CLARÍN: Entremetido.
Y de este oficio soy jefe,
porque soy el mequetrefe
mayor que se ha conocido.

SEGISMUNDO: Tú sólo en tan nuevos mundos
me has agradado.

CLARÍN: Señor,
soy un grande agradador
de todos los Segismundos.

Sale ASTOLFO

ASTOLFO: ¡Feliz mil veces el día,
oh príncipe, que os mostráis
sol de Polonia, y llenáis
de resplandor y alegría
todos estos horizontes
con tan divino arrebol;
pues que salís como el sol
de debajo de los montes!
Salid, pues, y aunque tan tarde
se corona vuestra frente
del laurel resplandeciente,
tarde muera.

SEGISMUNDO: Dios os guarde.

ASTOLFO: El no haberme conocido
sólo por disculpa os doy
de no honrarme más. Yo soy
Astolfo. Duque he nacido
de Moscovia, y primo vuestro.

Haya igualdad en los dos.

SEGISMUNDO: Si digo que os guarde Dios,
¿bastante agrado no os muestro?
Pero ya que, haciendo alarde
de quien sois, de esto os quejáis,
otra vez que me veáis,
le diré a Dios que no os guarde.

CRIADO 2: Vuestra alteza considere
que como en montes nacido
con todos ha procedido,
Astolfo, señor, prefiere...

SEGISMUNDO: Cansóme como llegó
grave a hablarme, y lo primero
que hizo, se puso el sombrero.

CRIADO 1: Es grande.

SEGISMUNDO: Mayor soy yo.

CRIADO 2: Con todo eso, entre los dos
que haya más respeto es bien
que entre los demás.

SEGISMUNDO: ¿Y quién
os mete conmigo a vos?

Sale ESTRELLA

ESTRELLA: Vuestra alteza, señor, sea
muchas veces bien venido
al dosel que agradecido
le recibe y le desea;
adonde, a pesar de engaños,
viva augusto y eminente,
donde su vida se cuente
por siglos, y no por años.

SEGISMUNDO: Dime tú agora, ¿quién es
esta beldad soberana?
¿Quién es esta diosa humana,
a cuyos divinos pies
postra el cielo su arrebol?
¿Quién es esta mujer bella?

CLARÍN: Es, señor, tu prima Estrella.

SEGISMUNDO: Mejor dijeras el sol.

Aunque el parabién es bien
darme del bien que conquisto,
de sólo haberos hoy visto
os admito el parabién;
y así, de llegarme a ver
con el bien que no merezco,
el parabién agradezco.
Estrella, que amanecer
podéis, y dar alegría,
al más luciente farol,
¿qué dejáis que hacer al sol,
si os levantáis con el día?
Dadme a besar vuestra mano,
en cuya copa de nieve
el aura candores bebe.

ESTRELLA: Sed más galán cortesano.

ASTOLFO: (Si él toma la mano, yo Aparte
soy perdido).

CRIADO 2: (El pesar sé Aparte
de Astolfo, y le estorbaré).
Advierte, señor, que no
es justo atreverte así,
y estando Astolfo...

SEGISMUNDO: ¿No digo
que vos no os metáis conmigo?

CRIADO 2: Digo lo que es justo.

SEGISMUNDO: A mí
todo eso me causa enfado;
nada me parece justo
en siendo contra mi gusto.

CRIADO 2: Pues yo, señor, he escuchado
de ti que en lo justo es bien
obedecer y servir.

SEGISMUNDO: ¿También oíste decir
que por un balcón, a quien
me canse, sabré arrojar?

CRIADO 2: Con los hombres como yo
no puede hacerse eso.

SEGISMUNDO: ¿No?
¡Por Dios que lo he de probar!

Cógele en los brazos y éntrase, y todos tras él, y torna a salir

ASTOLFO: ¿Qué es esto que llego a ver?

ESTRELLA: Llegad todos a ayudar.

SEGISMUNDO: Cayó del balcón al mar;
¡vive Dios, que pudo ser!

ASTOLFO: Pues medid con más espacio
vuestras acciones severas,
que lo que hay de hombres a fieras,
hay desde un monte a palacio.

SEGISMUNDO: Pues en dando tan severo
en hablar con entereza,
quizá no hallaréis cabeza
en que se os tenga el sombrero.

Vase ASTOLFO y sale el rey BASILIO

BASILIO: ¿Qué ha sido esto?

SEGISMUNDO: Nada ha sido.
A un hombre que me ha cansado,
de ese balcón he arrojado.

CLARÍN: Que es el rey está advertido.

BASILIO: ¿Tan presto? ¿Una vida cuesta
tu venida el primer día?

SEGISMUNDO: Díjome que no podía
hacerse, y gané la apuesta.

BASILIO: Pésame mucho que cuando,
príncipe, a verte he venido,
pensado hallarte advertido,
de hados y estrellas triunfando,
con tanto rigor te vea,
y que la primera acción
que has hecho en esta ocasión,
un grave homicidio sea.
¿Con qué amor llegar podré
a darte agora mis brazos,
si de sus soberbios lazos,
que están enseñados sé
a dar muertes? ¿Quién llegó
a ver desnudo el puñal

que dio una herida mortal,
que no temiese? ¿Quién vio
sangriento el lugar, adonde
a otro hombre dieron muerte,
que no sienta? Que el más fuerte
a su natural responde.
Yo así, que en tus brazos miro
de esta muerte el instrumento,
y miro el lugar sangriento,
de tus brazos me retiro;
y aunque en amorosos lazos
ceñir tu cuello pensé,
sin ellos me volveré,
que tengo miedo a tus brazos.

SEGISMUNDO: Sin ellos me podré estar
como me he estado hasta aquí;
que un padre que contra mí
tanto rigor sabe usar,
que con condición ingrata
de su lado me desvía,
como a una fiera me cría,
y como a un monstruo me trata
y mi muerte solicita,
de poca importancia fue
que los brazos no me dé,
cuando el ser de hombre me quita.

BASILIO: Al cielo y a Dios pluguiera
que a dártele no llegara;
pues ni tu voz escuchara,
ni tu atrevimiento viera.

SEGISMUNDO. Si no me le hubieras dado,
no me quejara de ti;
pero una vez dado, sí,
por habérmele quitado;
que aunque el dar la acción es
más noble y más singular,
es mayor bajeza el dar,
para quitarlo después.

BASILIO: ¡Bien me agradeces el verte
de un humilde y pobre preso,
príncipe ya!

SEGISMUNDO: Pues en eso,
¿qué tengo que agradecerte?
Tirano de mi albedrío,
si viejo y caduco estás,
¿muriéndote, qué me das?

¿Dasme más de lo que es mío?
Mi padre eres y mi rey;
luego toda esta grandeza
me da la naturaleza
por derechos de su ley.
Luego, aunque esté en este estado,
obligado no te quedo,
y pedirte cuentas puedo
del tiempo que me has quitado
libertad, vida y honor;
y así, agradéceme a mí
 que yo no cobre de ti,
pues eres tú mi deudor.

BASILIO: Bárbaro eres y atrevido;
cumplió su palabra el cielo;
y así, para el mismo apelo,
soberbio desvanecido.
Y aunque sepas ya quién eres,
y desengañado estés,
y aunque en un lugar te ves
donde a todos te prefieres,
mira bien lo que te advierto:
que seas humilde y blando,
porque quizá estás soñando,
aunque ves que estás despierto.

Vase el rey BASILIO

SEGISMUNDO: ¿Que quizá soñando estoy,
aunque despierto me veo?
No sueño, pues toco y creo
lo que he sido y lo que soy.
Y aunque agora te arrepientas,
poco remedio tendrás;
sé quién soy, y no podrás
aunque suspires y sientas,
quitarme el haber nacido
de esta corona heredero;
y si me viste primero
a las prisiones rendido,
fue porque ignoré quién era;
pero ya informado estoy
de quién soy y sé que soy
un compuesto de hombre y fiera.

Sale ROSAURA, dama

ROSAURA: (Siguiendo a Estrella vengo, Aparte
y gran temor de hallar a Astolfo tengo;
que Clotaldo desea

que no sepa quién soy, y no me vea,
porque dice que importa al honor mío;
y de Clotaldo fío
su efecto, pues le debo, agradecida,
aquí el amparo de mi honor y vida).

CLARÍN ¿Qué es lo que te ha agradado
más de cuanto hoy has visto y admirado?

SEGISMUNDO: Nada me ha suspendido,
que todo lo tenía prevenido;
mas, si admirar hubiera
algo en el mundo, la hermosura fuera
de la mujer. Leía
una vez en los libros que tenía
que lo que a Dios mayor estudio debe,
era el hombre, por ser un mundo breve;
mas ya que lo es recelo
la mujer, pues ha sido un breve ciclo;
y más beldad encierra
que el hombre, cuanto va de cielo a tierra.
¡Y más di es la que miro!

ROSAURA: (El príncipe está aquí; yo me retiro).

SEGISMUNDO: Oye, mujer, detente;
no juntes el ocaso y el oriente
huyendo al primer paso;
que juntos el oriente y el ocaso,
la lumbre y sombra fría,
serás, sin duda, síncopa del día.
¿Pero qué es lo que veo?

ROSAURA: Lo mismo que estoy viendo, dudo y creo.

SEGISMUNDO: (Yo he visto esta belleza Aparte
otra vez).

ROSAURA: (Yo esta pompa, esta grandeza Aparte
he visto reducida
a una estrecha prisión).

SEGISMUNDO: (Ya hallé mi vida). Aparte
Mujer, que aqueste nombre
es el mejor requiebro para el hombre,
¿quién eres? Que sin verte
adoración me debes, y de suerte
por la fe te conquisto,
que me persuado a que otra vez te he visto.
¿Quién eres, mujer bella?

ROSAURA: (Disimular me importa). Aparte
Soy de Estrella
una infelice dama.

SEGISMUNDO: No digas tal; di el sol, a cuya llama
aquella estrella vive,
pues de tus rayos resplandor recibe;
yo vi en reino de olores
que presidía entre comunes flores
la deidad de la rosa,
y era su emperatriz por más hermosa;
yo vi entre piedras finas
de la docta academia de sus minas
preferir el diamante,
y ser su emperador por más brillante;
yo en esas cortes bellas
de la inquieta república de estrellas,
vi en el lugar primero
por rey de las estrellas el lucero;
yo en esferas perfetas,
llamando el sol a cortes los planetas,
le vi que presidía
como mayor oráculo del día.
¿Pues cómo, si entre flores, entre estrellas,
piedras, signos, planetas, las más bellas
prefieren, tú has servido
la de menos beldad, habiendo sido
por más bella y hermosa,
sol, lucero, diamante, estrella y rosa?

Sale CLOTALDO

CLOTALDO: (A Segismundo reducir deseo, Aparte
porque, en fin, le he criado; mas ¿qué veo?)

ROSAURA: Tu favor reverencio.
Respóndote retórico el silencio;
cuando tan torpe la razón se halla,
mejor habla, señor, quien mejor calla.

SEGISMUNDO: No has de ausentarte, espera.
¿Cómo quieres dejar de esa manera
a escuras mi sentido?

ROSAURA: Esta licencia a vuestra alteza pido.

SEGISMUNDO: Irte con tal violencia
no es pedir, es tomarte la licencia.

ROSAURA: Pues si tú no la das, tomarla espero.

SEGISMUNDO: Harás que de cortés pase a grosero,
porque la resistencia
es veneno crüel de mi paciencia.

ROSAURA: Pues cuando ese veneno,
de furia, de rigor y saña lleno,
la paciencia venciera,
mi respeto no osara, ni pudiera.

SEGISMUNDO: Sólo por ver si puedo,
harás que pierda a tu hermosura el miedo;
que soy muy inclinado
a vencer lo imposible; hoy he arrojado
de ese balcón a un hombre, que decía
que hacerse no podía;
y así, por ver si puedo, cosa es llana
que arrojaré tu honor por la ventana.

CLOTALDO: (Mucho se va empeñando. Aparte
¿Qué he de hacer, cielos, cuando
tras un loco deseo
mi honor segunda vez a riesgo veo?)

ROSAURA: No en vano prevenía
a este reino infeliz tu tiranía
escándalos tan fuertes
de delitos, traiciones, iras, muertes.
¿Mas, qué ha de hacer un hombre
que de humano no tiene más que el nombre?
¡Atrevido, inhumano,
cruel, soberbio, bárbaro y tirano,
nacido entre las fieras!

SEGISMUNDO: Porque tú ese baldón no me dijeras,
tan cortés me mostraba,
pensando que con eso te obligaba;
mas, si lo soy hablando de este modo,
has de decirlo, vive Dios, por todo.
-¡Hola, dejadnos solos, y esa puerta
se cierre, y no entre nadie!

Vase CLARÍN

ROSAURA: (Yo soy muerta). Aparte
Advierte...

SEGISMUNDO: Soy tirano,
y ya pretendes reducirme en vano.

CLOTALDO: (¡Oh, qué lance tan fuerte! Aparte

Saldré a estorbarlo, aunque me dé la muerte).
Señor, atiende, mira.

SEGISMUNDO: Segunda vez me has provocado a ira,
viejo caduco y loco.
¿Mi enojo y rigor tienes en poco?
¿Cómo hasta aquí has llegado?

CLOTALDO: De los acentos de esta voz llamado
a decirte que seas
más apacible, si reinar deseas;
y no, por verte ya de todos dueño,
seas cruel, porque quizá es un sueño.

SEGISMUNDO: A rabia me provocas,
cuando la luz del desengaño tocas.
Veré, dándote muerte,
si es sueño o si es verdad.

Al ir a sacar la daga, se la tiene CLOTALDO y se arrodilla

CLOTALDO: Yo de esta suerte
librar mi vida espero.

SEGISMUNDO: Quita la osada mano del acero.

CLARÍN: Hasta que gente venga,
que tu rigor y cólera detenga,
no he de soltarte.

ROSAURA: ¡Ay cielos!

SEGISMUNDO: ¡Suelta, digo!
Caduco, loco, bárbaro, enemigo,
o será de esta suerte:
el darte agora entre mis brazos muerte.

Luchan

ROSAURA: Acudid todos presto,
que matan a Clotaldo.

Vase ROSAURA. Sale ASTOLFO a tiempo que cae CLOTALDO a sus pies, y él se pone en medio

ASTOLFO: ¿Pues, qué es esto,
príncipe generoso?
¿Así se mancha acero tan brïoso
en una sangre helada?

Vuelva a la vaina tu lucida espada.

SEGISMUNDO: En viéndola teñida
en esa infame sangre.

ASTOLFO: Ya su vida
tomó a mis pies sagrado;
y de algo ha servirme haber llegado.

SEGISMUNDO: Sírvate de morir, pues de esta suerte
también sabré vengarme, con tu muerte,
de aquel pasado enojo.

ASTOLFO: Yo defiendo
mi vida; así la majestad no ofendo.

Sacan las espadas, y sale el rey BASILIO y ESTRELLA

CLOTALDO: No le ofendas, señor.

BASILIO: ¿Pues, aquí espadas?

ESTRELLA: (¡Astolfo es, ay de mí, penas airadas!)

BASILIO: ¿Pues, qué es lo que ha pasado?

ASTOLFO: Nada, señor, habiendo tú llegado.

Envainan

SEGISMUNDO: Mucho, señor, aunque hayas tú venido;
yo a ese viejo matar he pretendido.

BASILIO: Respeto no tenías
a estas canas?

CLOTALDO: Señor, ved que son mías;
que no importa veréis.

SEGISMUNDO: Acciones vanas,
querer que tengo yo respeto a canas;
pues aun ésas podría
ser que viese a mis plantas algún día;
porque aun no estoy vengado
del modo injusto con que me has crïado.

Vase SEGISMUNDO

BASILIO: Pues antes que lo veas,

volverás a dormir adonde creas
que cuanto te ha pasado,
como fue bien del mundo, fue soñado.

Vase el rey BASILIO y CLOTALDO; quedan ESTRELLA y ASTOLFO

ASTOLFO: ¿Qué pocas veces el hado
que dice desdichas, miente,
pues es tan cierto en los males,
cuanto dudoso en los bienes?
-¡Qué buen astrólogo fuera,
si siempre casos crüeles
anunciara; pues no hay duda
que ellos fueran verdad siempre!
Conocerse esa experiencia
en mí y Segismundo puede,
Estrella, pues en los dos
hizo muestras diferentes.
En él previno rigores,
soberbias, desdichas, muertes,
y en todo dijo verdad,
porque todo, al fin, sucede;
pero en mí, que al ver, señora,
esos rayos excelentes,
de quien el sol fue una sombra
y el cielo un amago breve,
que me previno venturas,
trofeos, aplausos, bienes,
dijo mal, y dijo bien;
pues sólo es justo que acierte
cuando amaga con favores,
y ejecuta con desdenes.

ESTRELLA: No dudo que esas finezas
son verdades evidentes;
mas serán por otra dama,
cuyo retrato pendiente
trujisteis al cuello cuando
llegasteis, Astolfo, a verme;
y siendo así, esos requiebros
ella sola los merece.
Acudid a que ella os pague,
que no son buenos papeles
en el consejo de amor
las finezas ni las fees
que se hicieron en servicio
de otras damas y otros reyes.

Sale ROSAURA al paño

ROSAURA: (¡Gracias a Dios, que han llegado Aparte

ya mis desdichas crüeles
al término suyo, pues
quien esto ve nada teme!)

ASTOLFO: Yo haré que el retrato salga
del pecho, para que entre
la imagen de tu hermosura.
Donde entre Estrella no tiene
lugar la sombra, ni estrella
donde el sol; voy a traerle.
(Perdona, Rosaura hermosa, Aparte
este agravio, porque ausentes,
no se guardan más fe que ésta
los hombres y las mujeres).

Vase ASTOLFO

ROSAURA: (Nada he podido escuchar, Aparte
temerosa que me viese).

ESTRELLA: ¡Astrea!

ROSAURA: ¿Señora mía?

ESTRELLA: Heme holgado que tú fueses
la que llegaste hasta aquí;
porque de ti solamente
fiara un secreto.

ROSAURA: Honras,
señora, a quien te obedece.

ESTRELLA: En el poco tiempo, Astrea,
que ya que te conozco, tienes
de mi voluntad las llaves;
por esto, y por ser quien eres,
me atrevo a fiar de ti
lo que aun de mí muchas veces
recaté.

ROSAURA: Tu esclava soy.

ESTRELLA: Pues para decirlo en breve,
mi primo Astolfo -bastara
que mi primo te dijese,
porque hay cosas que se dicen
con pensarlas solamente-
ha de casarse conmigo,
si es que la fortuna quiere
que con una dicha sola
tantas desdichas descuente.

Pesóme que el primer día
echado al cuello trujese
el retrato de una dama;
habléle en él cortésmente,
es galán y quiere bien;
fue por él, y ha de traerle
aquí. Embarázame mucho
que él a mí a dármele llegue;
quédate aquí, y cuando venga,
le dirás que te lo entregue
a ti. No te digo más;
discreta y hermosa eres;
bien sabrás lo que es amor.

Vase ESTRELLA

ROSAURA: ¡Ojalá no lo supiese!
¡Válgame el cielo! ¿Quién fuera
tan atenta y tan prudente,
que supiera aconsejarse
hoy en ocasión tan fuerte?
¿Habrá persona en el mundo
a quien el cielo inclemente
con más desdichas combata
y con más pesares cerque?
¿Qué haré en tantas confusiones,
donde imposible parece
que halle razón que me alivie,
ni alivio que me consuele?
Desde la primer desdicha,
no hay suceso ni accidente
que otra desdicha no sea;
que unas a otras suceden
herederas de sí mismas.
A la imitación del Fénix,
unas de las otras nacen,
viviendo de lo que mueren,
y siempre de sus cenizas
está el sepulcro caliente.
Que eran cobardes decía
un sabio, por parecerle
que nunca andaba una sola;
yo digo que son valientes,
pues siempre van adelante,
y nunca la espalda vuelven.
Quien las llevare consigo
a todo podrá atreverse,
pues en ninguna ocasión
no haya miedo que le dejen.
Dígalo yo, pues en tantas
como a mi vida suceden,

nunca me he hallado sin ellas,
ni se han cansado hasta verme
herida de la fortuna,
en los brazos de la muerte.
¡Ay de mí! ¿Qué debo hacer
hoy en la ocasión presente?
Si digo quién soy, Clotaldo,
a quien mi vida le debe
este amparo y este honor,
conmigo ofenderse puede;
pues me dice que callando
honor y remedio espere.
Si no he de decir quién soy
a Astolfo, y él llega a verme,
¿cómo he de disimular?
Pues, aunque fingirlo intenten
la voz, la lengua, y los ojos,
les dirá el alma que mienten.
¿Qué haré? ¿Mas para qué estudio
lo que haré, si es evidente
que por más que lo prevenga,
que lo estudie y que lo piense,
en llegando la ocasión
ha de hacer lo que quisiere
el dolor? Porque ninguno
imperio en sus penas tiene.
Y pues a determinar
lo que he de hacer no se atreve
el alma, llegue el dolor
hoy a su término, llegue
la pena a su extremo, y salga
de dudas y pareceres
de una vez; pero hasta entonces
¡valedme, cielos, valedme!

Sale ASTOLFO con el retrato

ASTOLFO: Éste es, señora, el retrato;
mas ¡ay Dios!

ROSAURA: ¿Qué se suspende
vuestra alteza? ¿Qué se admira?

ASTOLFO: De oírte, Rosaura, y verte.

ROSAURA: ¿Yo Rosaura? Hase engañado
vuestra alteza, si me tiene
por otra dama; que yo
soy Astrea, y no merece
mi humildad tan grande dicha
que esa turbación le cueste.

ASTOLFO: Basta, Rosaura, el engaño,
porque el alma nunca miente,
y aunque como a Astrea te mire,
como a Rosaura te quiere.

ROSAURA: No he entendido a vuestra alteza,
y así, no sé responderle;
sólo lo que yo diré
es que Estrella -que lo puede
ser de Venus- me mandó
que en esta parte le espere,
y de la suya le diga
que aquel retrato me entregue
-que está muy puesto en razón-,
y yo misma se lo lleve.
Estrella lo quiere así,
porque aun las cosas más leves
como sean en mi daño
es Estrella quien las quiere.

ASTOLFO: Aunque más esfuerzos hagas,
¡oh, qué mal, Rosaura, puedes
disimular! Di a los ojos
que su música concierten
con la voz; porque es forzoso
que desdiga y que disuene
tan destemplado instrumento,
que ajustar y medir quiere
la falsedad de quien dice,
con la verdad de quien siente.

ROSAURA: Ya digo que sólo espero
el retrato.

ASTOLFO: Pues que quieres
llevar al fin el engaño,
con él quiero responderte.
Dirásle, Astrea, a la infanta
que yo la estimo de suerte,
que, pidiéndome un retrato,
poca fineza parece
enviársele, y así,
porque le estime y le precie
le envío el original;
y tú llevársele puedes,
pues ya le llevas contigo,
como a ti misma te lleves.

ROSAURA: Cuando un hombre se dispone,
restado, altivo y valiente,

a salir con una empresa
aunque por trato le entreguen
lo que valga más, sin ella
necio y desairado vuelve.
Yo vengo por un retrato
y aunque un original lleve
que vale más, volveré
desairada; y así, déme
vuestra alteza ese retrato,
que sin él no he de volverme.

ASTOLFO: ¿Pues cómo, si no he de darle,
le has de llevar?

ROSAURA: De esta suerte,
suéltale, ingrato.

ASTOLFO: Es en vano.

ROSAURA: ¡Vive Dios, que no ha de verse
en mano de otra mujer!

ASTOLFO: Terrible estás.

ROSAURA: Y tú aleve.

ASTOLFO: Ya basta, Rosaura mía.

ROSAURA: ¿Yo tuya, villano? Mientes.

Sale ESTRELLA

ESTRELLA: Astrea, Astolfo, ¿qué es esto?

ASTOLFO: (Aquésta es Estrella). Aparte

ROSAURA: (Déme Aparte
para cobrar mi retrato
ingenio el Amor). Si quieres
saber lo que es, yo, señora,
te lo diré.

ASTOLFO: ¿Qué pretendes?

ROSAURA: Mandásteme que esperase
aquí a Astolfo, y le pidiese
un retrato de tu parte.
Quedé sola, y como vienen
de unos discursos a otros
las noticias fácilmente,
viéndote hablar de retratos,

con su memoria acordéme
de que tenía uno mío
en la manga. Quise verle,
porque una persona sola
con locuras se divierte;
cayóseme de la mano
al suelo; Astolfo, que viene
a entregarte el de otra dama,
le levantó, y tan rebelde
está en dar el que le pides,
que en vez de dar uno, quiere
llevar otro; pues el mío
aun no es posible volverme,
con ruegos y persuasiones;
colérica e impaciente
yo se le quise quitar.
Aquél que en la mano tiene,
es mío; tú lo verás
con ver si se me parece.

ESTRELLA: Soltad, Astolfo, el retrato.

Quítasele

ASTOLFO: Señora...

ESTRELLA: No son crüeles,
a la verdad, los matices.

ROSAURA: ¿No es mío?

ESTRELLA: ¿Qué duda tiene?

ROSAURA: Di que ahora te entregue el otro.

ESTRELLA: Tomas tu retrato, y vete.

ROSAURA: (Yo he cobrado mi retrato, Aparte
venga ahora lo que viniere).

Vase ROSAURA

ESTRELLA: Dadme ahora el retrato vos
que os pedí; que aunque no piense
veros ni hablaros jamás,
no quiero, no, que se quede
en vuestro poder, siquiera
porque yo tan neciamente
le he pedido.

ASTOLFO: (¿Cómo puedo Aparte
salir de lance tan fuerte?)
Aunque quiera, hermosa Estrella,
servirte y obedecerte,
no podré darte el retrato
que me pides, porque...

ESTRELLA: Eres
villano y grosero amante.
No quiero que me le entregues;
porque yo tampoco quiero,
con tomarle, que me acuerdes
de que yo te le he pedido.

Vase ESTRELLA

ASTOLFO: Oye, escucha, mira, advierte.
¡Válgame Dios por Rosaura!
¿Dónde, cómo, o de qué suerte
hoy a Polonia has venido
a perderme y a perderte?

Vase ASTOLFO

(En la torre de SEGISMUNDO)

Descúbrese SEGISMUNDO, como al principio, con pieles y cadena, durmiendo en el suelo; salen CLOTALDO, CLARÍN y los dos criados

CLOTALDO: Aquí le habéis de dejar
pues hoy su soberbia acaba
donde empezó.

CRIADO 1. Como estaba,
la cadena vuelvo a atar.

CLARÍN: No acabes de despertar,
Segismundo, para verte
perder, trocada la suerte
siendo tu gloria fingida,
una sombra de la vida
y una llama de la muerte.

CLOTALDO: A quien sabe discurrir,
así, es bien que se prevenga
una estancia, donde tenga
harto lugar de argüir.
Éste es el que habéis de asir
y en ese cuarto encerrar.

CLARÍN: ¿Por qué a mí?

CLOTALDO: Porque ha de estar
guardado en prisión tan grave,
Clarín que secretos sabe,
donde no pueda sonar.

CLARÍN: ¿Yo, por dicha, solicito
dar muerte a mi padre? No.
¿Arrojé del balcón yo
al Icaro de poquito?
¿Yo muero ni resucito?
¿Yo sueño o duermo? ¿A qué fin
me encierran?

CLOTALDO: Eres Clarín.

CLARÍN: Pues ya digo que seré
corneta, y que callaré,
que es instrumento ruín.

Llévanle a CLARÍN. Sale el rey BASILIO, rebozado

BASILIO: ¿Clotaldo?

CLOTALDO: ¡Señor! ¿Así
viene vuestra majestad?

BASILIO: La necia curiosidad
de ver lo que pasa aquí
a Segismundo, ¡ay de mí!
de este modo me ha traído.

CLOTALDO: Mírale allí, reducido
a su miserable estado.

BASILIO: ¡Ay, príncipe desdichado
y en triste punto nacido!
Llega a despertarle, ya
que fuerza y vigor perdió
con el opio que bebió.

CLOTALDO: Inquieto, señor, está,
y hablando.

BASILIO: ¿Qué soñará
agora? Escuchemos, pues.

En sueños

SEGISMUNDO: Piadoso príncipe es
el que castiga tiranos;
muera Clotaldo a mis manos,
bese mi padre mis pies.

CLOTALDO: Con la muerte me amenaza.

BASILIO: A mí con rigor y afrenta.

CLOTALDO: Quitarme la vida intenta.

BASILIO: Rendirme a sus plantas traza.

SEGISMUNDO: Salga a la anchurosa plaza
del gran teatro del mundo
este valor sin segundo;
porque mi venganza cuadre,
vean triunfar de su padre
al príncipe Segismundo.

Despierta

SEGISMUNDO Mas, ¡ay de mí! ¿Dónde estoy?

BASILIO: Pues a mí no me ha de ver;
ya sabes lo que has de hacer.
Desde allí a escucharle voy.

Retírase el rey BASILIO

SEGISMUNDO: ¿Soy yo por ventura? ¿Soy
el que preso y aherrojado
llego a verme en tal estado?
¿No sois mi sepulcro vos,
torre? Sí. ¡Válgame Dios,
qué de cosas he soñado!

CLOTALDO: (A mí me toca llegar, Aparte
a hacer la desecha agora).

SEGISMUNDO: ¿Es ya de despertar hora?

CLOTALDO: Sí, hora es ya de despertar.
¿Todo el día te has de estar
durmiendo? ¿Desde que yo
al águila que voló
con tarda vista seguí
y te quedaste tú aquí,
nunca has despertado?

SEGISMUNDO: No.

Ni aun agora he despertado;
que según, Clotaldo, entiendo,
todavía estoy durmiendo,
y no estoy muy engañado;
porque si ha sido soñado
lo que vi palpable y cierto,
lo que veo será incierto;
y no es mucho que, rendido,
pues veo estando dormido,
que sueñe estando despierto.

CLOTALDO: Lo que soñaste me di.

SEGISMUNDO: Supuesto que sueño fue,
no diré lo que soñé;
lo que vi, Clotaldo, sí.
Yo desperté, y yo me vi,
-¡qué crueldad tan lisonjera!-
en un lecho, que pudiera
con matices y colores
ser el catre de las flores
que tejió la primavera.
Aquí mil nobles, rendidos
a mis pies nombre me dieron
de su príncipe, y sirvieron
galas, joyas y vestidos.
La calma de mis sentidos
tú trocaste en alegría,
diciendo la dicha mía;
que, aunque estoy de esta manera,
príncipe en Polonia era.

CLOTALDO: Buenas albricias tendría.

SEGISMUNDO: No muy buenas; por traidor,
con pecho atrevido y fuerte
dos veces te daba muerte.

CLOTALDO: ¿Para mí tanto rigor?

SEGISMUNDO: De todos era señor,
y de todos me vengaba;
sólo a una mujer amaba...
que fue verdad, creo yo,
en que todo se acabó,
y esto sólo no se acaba.

Vase el rey BASILIO

CLOTALDO: (Enternecido se ha ido Aparte
el rey de haberle escuchado).

Como habíamos hablado
de aquella águila, dormido,
tu sueño imperios han sido;
mas en sueños fuera bien
entonces honrar a quien
te crió en tantos empeños,
Segismundo, que aun en sueños
no se pierde el hacer bien.

Vase CLOTALDO

SEGISMUNDO: Es verdad; pues reprimamos
esta fiera condición,
esta furia, esta ambición,
por si alguna vez soñamos;
y sí haremos, pues estamos
en mundo tan singular,
que el vivir sólo es soñar;
y la experiencia me enseña
que el hombre que vive, sueña
lo que es, hasta despertar.
Sueña el rey que es rey, y vive
con este engaño mandando,
disponiendo y gobernando;
y este aplauso, que recibe
prestado, en el viento escribe,
y en cenizas le convierte
la muerte, ¡desdicha fuerte!
¡Que hay quien intente reinar,
viendo que ha de despertar
en el sueño de la muerte!
Sueña el rico en su riqueza,
que más cuidados le ofrece;
sueña el pobre que padece
su miseria y su pobreza;
sueña el que a medrar empieza,
sueña el que afana y pretende,
sueña el que agravia y ofende,
y en este mundo, en conclusión,
todos sueñan lo que son,
aunque ninguno lo entiende.
Yo sueño que estoy aquí
de estas prisiones cargado,
y soñé que en otro estado
más lisonjero me vi.
¿Qué es la vida? Un frenesí.
¿Qué es la vida? Una ficción,
una sombra, una ilusión,
y el mayor bien es pequeño;
que toda la vida es sueño,

y los sueños, sueños son.

FIN DE LA JORNADA SEGUNDA

JORNADA TERCERA

(En la torre)
Sale CLARÍN

CLARÍN: En una encantada torre,
por lo que sé, vivo preso.
¿Qué me harán por lo que ignoro
si por lo que sé me han muerto?
¡Que un hombre con tanta hambre
viniese a morir viviendo!
Lástima tengo de mí.
Todos dirán: "bien lo creo;"
y bien se puede creer,
pues para mí este silencio
no conforma con el nombre
Clarín, y callar no puedo.
Quien me hace compañía
aquí, si a decirlo acierto,
son arañas y ratones.
¡Miren qué dulces jilgueros!
De los sueños de esta noche
la triste cabeza tengo
llena de mil chirimías,
de trompetas y embelecos,
de procesiones, de cruces,
de disciplinantes; y éstos
unos suben, otros bajan,
otros se desmayan, viendo
la sangre que llevan otros;
mas yo, la verdad diciendo,
de no comer me desmayo;
que en esta prisión me veo,
donde ya todos los días
en el filósofo leo
Nicomedes, y las noches
en el concilio Niceno.
Si llaman santo al callar,
como en calendario nuevo
San Secreto es para mí,
pues le ayuno y no le huelgo;
aunque está bien merecido
el castigo que padezco,
pues callé, siendo crïado,
que es el mayor sacrilegio.

Ruido de cajas y gente, y dicen dentro

SOLDADO 1º: Ésta es la torre en que está.
Echad la puerta en el suelo;
entrad todos.

CLARÍN: ¡Vive Dios!
Que a mí me buscan, es cierto,
pues que dicen que aquí estoy.
¿Qué me querrán?

Salen los soldados que pudieren

SOLDADO 1° Entrad dentro.

SOLDADO 2°: Aquí está.

CLARÍN: No está.

TODOS: Señor...

CLARÍN: (¿Si vienen borrachos éstos?) Aparte

SOLDADO 2°: Tú nuestro príncipe eres.
Ni admitimos ni queremos
sino al señor natural,
y no príncipe extranjero.
A todos nos da los pies.

TODOS: ¡Viva el gran príncipe nuestro!

CLARÍN: (¡Vive Dios, que va de veras! Aparte
¿Si es costumbre en este reino
prender uno cada día
y hacerle príncipe, y luego
volverle a la torre? Sí,
pues cada día lo veo;
fuerza es hacer mi papel).

TODOS: Danos tus plantas.

CLARÍN: No puedo,
porque las he menester
para mí, y fuera defecto
ser príncipe desplantado.

SOLDADO 1°: Todos a tu padre mismo
le dijimos que a ti solo
por príncipe conocemos,
no al de Moscovia.

CLARÍN: ¿A mi padre
le perdisteis el respeto?
Sois unos tales por cuales.

SOLDADO 1°: Fue lealtad de nuestros pechos.

CLARÍN: Si fue lealtad, yo os perdono.

SOLDADO 2º: Sal a restaurar tu imperio.
¡Viva Segismundo!

TODOS: ¡Viva!

CLARÍN: (¿Segismundo dicen? ¡Bueno! Aparte
Segismundo llaman todos
los príncipes contrahechos).

Sale SEGISMUNDO

SEGISMUNDO: ¿Quién nombra aquí a Segismundo?

CLARÍN: (¡Mas que soy príncipe huero!) Aparte

SOLDADO 2º: ¿Quién es Segismundo?

SEGISMUNDO: Yo.

SOLDADO 2º: ¿Pues, cómo, atrevido y necio,
tú te hacías Segismundo?

CLARÍN: ¿Yo Segismundo? Eso niego,
que vosotros fuisteis quien
me segismundeasteis, luego
vuestra ha sido solamente
necedad y atrevimiento.

SOLDADO 1º: Gran príncipe Segismundo
-que las señas que traemos
tuyas son, aunque por fe
te aclamamos señor nuestro-,
tu padre, el gran rey Basilio,
temeroso que los cielos
cumplan un hado, que dice
que ha de verse a tus pies puesto,
vencido de ti, pretende
quitarte acción y derecho
y dársela a Astolfo, duque
de Moscovia. Para esto
juntó su corte, y el vulgo,
penetrando ya, y sabiendo
que tiene rey natural,
no quiere que un extranjero
venga a mandarle. Y así,
haciendo noble desprecio
de la inclemencia del hado,
te ha buscado donde preso
vives, para que valido

de sus armas, y saliendo
de esta torre a restaurar
tu imperial corona y cetro,
se la quites a un tirano.
Sal, pues; que en ese desierto,
ejército numeroso
de bandidos y plebeyos
te aclama. La libertad
te espera. Oye sus acentos.

DENTRO: ¡Viva Segismundo, viva!

SEGISMUNDO: ¿Otra vez? ¿Qué es esto cielos?
¿Queréis que sueñe grandezas
que ha de deshacer el tiempo?
¿Otra vez queréis que vea
entre sombras y bosquejos
la majestad y la pompa
desvanecida del viento?
¿Otra vez queréis que toque
el desengaño o el riesgo
a que el humano poder
nace humilde y vive atento?
Pues no ha de ser, no ha de ser.
Miradme otra vez sujeto
a mi fortuna; y pues sé
que toda esta vida es sueño,
idos, sombras, que fingís
hoy a mis sentidos muertos
cuerpo y voz, siendo verdad
que ni tenéis voz ni cuerpo;
que no quiero majestades
fingidas, pompas no quiero,
fantásticas ilusiones
que al soplo menos ligero
del aura han de deshacerse,
bien como el florido almendro,
que por madrugar sus flores,
sin aviso y sin consejo,
al primero soplo se apagan,
marchitando y desluciendo
de sus rosados capullos
belleza, luz y ornamento.
Ya os conozco, ya os conozco,
y sé que os pasa lo mismo
con cualquiera que se duerme;
para mí no hay fingimientos;
que, desengañado ya,
sé bien que la vida es sueño.

SOLDADO 2º: Si piensas que te engañamos,

vuelve a ese monte soberbio
los ojos, para que veas
la gente que aguarda en ellos
para obedecerte.

SEGISMUNDO: Ya
otra vez vi aquesto mesmo
tan clara y distintamente
como agora lo estoy viendo,
y fue sueño.

SOLDADO 2º: Cosas grandes
siempre, gran señor, trujeron
anuncios; y esto sería,
si lo soñaste primero.

SEGISMUNDO: Dices bien. Anuncio fue
y caso que fuese cierto,
pues la vida es tan corta,
soñemos, alma, soñemos
otra vez; pero ha de ser
con atención y consejo
de que hemos de despertar
de este gusto al mejor tiempo;
que llevándolo sabido,
será el desengaño menos;
que es hacer burla del daño
adelantarle el consejo.
Y con esta prevención,
de que cuando fuese cierto,
es todo el poder prestado
y ha de volverse a su dueño,
atrevámonos a todo.
Vasallos, yo os agradezco
la lealtad; en mí lleváis
quien os libre, osado y diestro,
de extranjera esclavitud.
Tocad al arma, que presto
veréis mi inmenso valor.
Contra mi padre pretendo
tomar armas, y sacar
verdaderos a los cielos.
Presto he de verle a mis plantas...
(Mas si antes de esto despierto, Aparte
¿no será bien no decirlo,
supuesto que no he de hacerlo?)

TODOS: ¡Viva Segismundo, viva!

Sale CLOTALDO

CLOTALDO: ¿Qué alboroto es éste, cielos?

SEGISMUNDO: Clotaldo.

CLOTALDO: Señor... (En mí Aparte
su rigor prueba).

CLARÍN: (Yo apuesto Aparte
que le despeña del monte).

Vase CLARÍN

CLOTALDO: A tus reales plantas llego,
ya sé que a morir.

SEGISMUNDO: Levanta,
levanta, padre, del suelo;
que tú has de ser norte y guía
de quien fíe mis aciertos;
que ya sé que mi crianza
a tu mucha lealtad debo.
Dame los brazos.

CLOTALDO: ¿Qué dices?

SEGISMUNDO: Que estoy soñando, y que quiero
obrar bien, pues no se pierde
obrar bien, aun entre sueños.

CLOTALDO: Pues, señor, si el obrar bien
es ya tu blasón, es cierto
que no te ofenda el que yo
hoy solicite lo mesmo.
¡A tu padre has de hacer guerra!
Yo aconsejarte no puedo
contra mi rey, ni valerte.
A tus plantas estoy puesto;
dame la muerte.

SEGISMUNDO: ¡Villano,
traidor, ingrato! (Mas, ¡cielos!, Aparte
reportarme me conviene,
que aún no sé si estoy despierto).
Clotaldo, vuestro valor
os envidio y agradezco.
Idos a servir al rey
que en el campo nos veremos.
Vosotros, tocad al arma.

CLOTALDO: Mil veces tus plantas beso.

SEGISMUNDO: A reinar, Fortuna, vamos;
no me despiertes, si duermo,
y si es verdad, no me duermas.
Mas, sea verdad o sueño,
obrar bien es lo que importa.
Si fuere verdad, por serlo;
si no, por ganar amigos
para cuando despertemos.

Vanse y tocan al arma

(Salón del palacio real)

Salen el rey BASILIO y ASTOLFO

BASILIO: ¿Quién, Astolfo, podrá parar prudente
la furia de un caballo desbocado?
¿Quién detener de un río la corriente
que corre al mar soberbio y despeñado?
¿Quién un peñasco suspender, valiente,
de la cima de un monte desgajado?
Pues todo fácil de parar ha sido
y un vulgo no, soberbio y atrevido.
Dígalo en bandos el rumor partido,
pues se oye resonar en lo profundo
de los montes el eco repetido;
unos ¡Astolfo!, y otros ¡Segismundo!
El dosel de la jura, reducido
a segunda intención, a horror segundo,
teatro funesto es, donde importuna
representa tragedias la Fortuna.

ASTOLFO: Suspéndase, señor, el alegría;
cese el aplauso y gusto lisonjero
que tu mano feliz me prometía;
que si Polonia, a quien mandar espero,
hoy se resiste a la obediencia mía,
es porque la merezca yo primero.
Dadme un caballo, y de arrogancia lleno,
rayo descienda el que blasona trueno.

Vase ASTOLFO

BASILIO: Poco reparo tiene lo infalible,
y mucho riesgo lo previsto tiene;
y si ha de ser, la defensa es imposible
de quien la excusa más, más la previene.
¡Dura ley! ¡Fuerte caso! ¡Horror terrible!
quien piensa que huye el riesgo, al riesgo viene;
con lo que yo guardaba me he perdido;
yo mismo, yo mi patria he destruído.

Sale ESTRELLA

ESTRELLA: Si tu presencia, gran señor, no trata
de enfrenar el tumulto sucedido,
que de uno en otro bando se dilata,
por las calles y plazas dividido,
verás tu reino en ondas de escarlata
nadar, entre la púrpura teñido
de su sangre; que ya con triste modo,
todo es desdichas y tragedias todo.
Tanta es la ruina de tu imperio, tanta
la fuerza del rigor duro y sangriento,
que visto admira, y escuchado espanta;
el sol se turba y se embaraza el viento;
cada piedra un pirámide levanta,
y cada flor construye un monumento;
cada edificio es un sepulcro altivo,
cada soldado un esqueleto vivo.

Sale CLOTALDO

CLOTALDO: ¡Gracias a Dios que vivo a tus pies llego!

BASILIO: Clotaldo, ¿pues qué hay de Segismundo?

CLOTALDO: Que el vulgo, monstruo despeñado y ciego,
la torre penetró, y de lo profundo
de ella sacó su príncipe, que luego
que vio segunda vez su honor segundo,
valiente se mostró, diciendo fiero
que ha de sacar al cielo verdadero.

BASILIO: Dadme un caballo, porque yo en persona
vencer valiente a un hijo ingrato quiero;
y en la defensa ya de mi corona,
lo que la ciencia erró, venza el acero.

Vase el rey BASILIO

ESTRELLA: Pues yo al lado del sol seré Belona.
Poner mi nombre junto al tuyo espero;
que he de volar sobre tendidas alas
a competir con la deidad de Palas.

Vase ESTRELLA, y tocan al arma. Sale ROSAURA y detiene a CLOTALDO

ROSAURA: Aunque el valor que se encierra
en tu pecho, desde allí
da voces, óyeme a mí,
que yo sé que todo es guerra.

Ya sabes que yo llegué
pobre, humilde y desdichada
a Polonia, y amparada
de tu valor, en ti halle
piedad; mandásteme, ¡ay cielos!,
que disfrazada viviese
en palacio, y pretendiese
disimulando mis celos,
guardarme de Astolfo. En fin,
él me vio, y tanto atropella
mi honor, que viéndome, a Estrella
de noche habla en un jardín;
de éste la llave he tomado,
y te podré dar lugar
de que en él puedas entrar
a dar fin a mi cuidado.
Aquí, altivo, osado y fuerte,
volver por mi honor podrás,
pues que ya resuelto estás
a vengarme con su muerte.

CLOTALDO: Verdad es que me incliné
desde el punto que te vi,
a hacer, Rosaura, por ti
-testigo tu llanto fue-
cuanto mi vida pudiese.
Lo primero que intenté
quitarte aquel traje fue;
porque, si Astolfo te viese,
te viese en tu propio traje,
sin juzgar a liviandad
la loca temeridad
que hace del honor ultraje.
En este tiempo trazaba
cómo cobrar se pudiese
tu honor perdido, aunque fuese
-tanto tu honor me arrestaba-
dando muerte a Astolfo. ¡Mira
qué caduco desvarío!
Si bien, no siendo rey mío,
ni me asombra ni me admira.
Darle pensé muerte, cuando
Segismundo pretendió
dármela a mí, y él llegó
su peligro atropellando,
a hacer en defensa mía
muestras de su voluntad,
que fueron temeridad
pasando de valentía.
Pues ¿cómo yo agora -advierte-,
teniendo alma agradecida,

a quien me ha dado la vida
le tengo de dar la muerte?
Y así, entre los dos partido
el afecto y el cuidado,
viendo que a ti te la he dado,
y que de él la he recibido,
no sé a qué parte acudir,
no sé qué parte ayudar.
Si a ti me obligué con dar,
de él lo estoy con recibir,
y así, en la acción ofrece,
nada a mi amor satisface,
porque soy persona que hace,
y persona que padece.

ROSAURA: No tengo que prevenir
que en un varón singular,
cuanto es noble acción el dar,
es bajeza el recibir.
Y este principio asentado,
no has de estarle agradecido,
supuesto que si él ha sido
el que la vida te ha dado,
y tú a mí, evidente cosa
es que él forzó tu nobleza
a que hiciese una bajeza,
y yo una acción generosa.
Luego estás de él ofendido,
luego estás de mí obligado,
supuesto que a mí me has dado
lo que de él has recibido;
y así debes acudir
a mi honor en riesgo tanto,
pues yo le prefiero, cuanto
va de dar a recibir.

CLOTALDO: Aunque la nobleza vive
de la parte del que da,
el agradecerle está
de parte del que recibe;
y pues ya dar he sabido,
ya tengo con nombre honroso
el nombre de generoso;
déjame el de agradecido,
pues le puedo conseguir
siendo agradecido, cuanto
liberal, pues honra tanto
el dar como el recibir.

ROSAURA: De ti recibí la vida,
y tú mismo me dijiste,

cuando la vida me diste,
que la que estaba ofendida
no era vida; luego yo
nada de ti he recibido;
pues vida no vida ha sido
la que tu mano me dio.
Y si debes ser primero
liberal que agradecido
-como de ti mismo he oído-,
que me des la vida espero,
que no me la has dado; y pues
el dar engrandece más,
sé antes liberal; serás
agradecido después.

CLOTALDO: Vencido de tu argumento
antes liberal seré.
Yo, Rosaura, te daré
mi haciendo, y en un convento
vive; que está bien pensado
el medio que solicito;
pues huyendo de un delito,
te recoges a un sagrado,
que cuando tan dividido,
el reino desdichas siente,
no he de ser quien las aumente,
habiendo noble nacido.
Con el remedio elegido
soy con el reino leal,
soy contigo liberal,
con Astolfo, agradecido;
y así escogerle te cuadre,
quedándose entre los dos
que no hiciera, ¡vive Dios!,
más, cuando fuera tu padre.

ROSAURA: Cuando tú mi padre fueras,
sufriera esa injuria yo;
pero no siéndolo, no.

CLOTALDO: ¿Pues qué es lo que hacer esperas?

ROSAURA: Matar al duque.

CLOTALDO: ¿Una dama
que padres no ha conocido,
tanto valor ha tenido?

ROSAURA: Sí.

CLOTALDO: ¿Quién te alienta?

ROSAURA: ¡Mi fama!

CLOTALDO: Mira que a Astolfo has de ver...

ROSAURA: Todo mi honor lo atropella.

CLOTALDO: ...tu rey, y esposo de Estrella.

ROSAURA: ¡Vive Dios, que no ha de ser!

CLOTALDO: Es locura.

ROSAURA: Ya lo veo.

CLOTALDO: Pues véncela.

ROSAURA: No podré.

CLOTALDO: Pues perderás...

ROSAURA: Ya lo sé.

CLOTALDO: ...vida y honor.

ROSAURA: Bien lo creo.

CLOTALDO: ¿Qué intentas?

ROSAURA: Mi muerte.

CLOTALDO: Mira que ese es despecho.

ROSAURA: Es honor.

CLOTALDO: Es desatino.

ROSAURA: Es valor.

CLOTALDO: Es frenesí.

ROSAURA: Es rabia, es ira.

CLOTALDO: En fin, ¿que no se da medio
a tu ciega pasión.

ROSAURA: No.

CLOTALDO: ¿Quién ha de ayudarte?

ROSAURA: Yo.

CLOTALDO: ¿No hay remedio?

ROSAURA: No hay remedio.

CLOTALDO: Piensa bien si hay otros modos...

ROSAURA: Perderme de otra manera.

Vase ROSAURA

CLOTALDO: Pues si has de perderte, espera,
hija, y perdámonos todos.

Vase CLOTALDO

(Campo)

Tocan y salen, marchando, soldados, CLARÍN y SEGISMUNDO, vestido de pieles

SEGISMUNDO: Si este día me viera
Roma en los triunfos de su edad primera,
¡oh cuánto se alegrara
viendo lograr una ocasión tan rara
de tener una fiera
que sus grandes ejércitos rigiera,
a cuyo altivo aliento
fuera poca conquista el firmamento!
Pero el vuelo abatamos,
espíritu; no así desvanezcamos
aqueste aplauso incierto,
si ha de pesarme cuando esté despierto,
de haberlo conseguido
para haberlo perdido;
pues mientras menos fuere,
menos se sentirá si se perdiere.

Dentro suena un clarín

CLARÍN: En un veloz caballo
-perdóname, que fuerza es el pintallo
en viniéndome a cuento-,
en quien un mapa se dibuja atento,
pues el cuerpo es la tierra,
el fuego el alma que en el pecho encierra,
la espuma el mar, el aire su suspiro,
en cuya confusión un caos admiro;
pues en el alma, espuma, cuerpo, aliento,
monstruo es de fuego, tierra, mar y viento;
de color remendado,
rucio, y a su propósito rodado,

del que bate la espuela;
que en vez de correr, vuela;
a tu presencia llega
airosa una mujer.

SEGISMUNDO: Su luz me ciega.

CLARÍN: ¡Vive Dios, que es Rosaura!

Vase CLARÍN

SEGISMUNDO: El cielo a mi presencia la restaura.

Sale ROSAURA, con vaquero, espada y daga

ROSAURA: Generoso Segismundo,
cuya majestad heroica
sale al día de sus hechos
de la noche de sus sombras;
y como el mayor planeta,
que en los brazos de la Aurora
se restituye luciente
a las flores y a las rosas,
y sobre mares y montes,
cuando coronado asoma,
luz esparce, rayos brilla,
cumbres baña, espumas borda;
así amanezcas al mundo,
luciente sol de Polonia,
que a una mujer infelice,
que hoy a tus plantas se arroja,
ampares, por ser mujer
y desdichada; dos cosas,
que para obligar a un hombre
que de valiente blasona,
cualquiera de las dos basta,
de las dos cualquiera sobra.
Tres veces son las que ya
me admiras, tres las que ignoras
quién soy, pues las tres me has visto
en diverso traje y forma.
La primera me creíste
varón, en la rigurosa
prisión, donde fue tu vida
de mis desdichas lisonja.
La segunda me admiraste
mujer, cuando fue la pompa
de tu majestad un sueño,
una fantasma, una sombra.
La tercera es hoy, que siendo
monstruo de una especie y otra,

entre galas de mujer,
armas de varón me adornan.
Y porque, compadecido
mejor mi amparo dispongas,
es bien que de mis sucesos
trágicas fortunas oigas.
De noble madre nací
en la corte de Moscovia,
que, según fue desdichada,
debió de ser muy hermosa.
En ésta puso los ojos
un traidor, que no le nombra
mi voz por no conocerle,
de cuyo valor me informa
el mío; pues siendo objeto
de su idea, siento agora
no haber nacido gentil,
para persuadirme, loca,
a que fue algún dios de aquellos
que en Metamorfosis lloran
-lluvia de oro, cisne y toro-
Dánae, Leda y Europa.
Cuando pensé que alargaba,
citando aleves historias,
el discurso, halle que en él
te he dicho en razones pocas
que mi madre, persuadida
a finezas amorosas,
fue, como ninguna, bella,
y fue infeliz como todas.
Aquella necia disculpa
de fe y palabra de esposa
la alcanza tanto, que aun hoy
el pensamiento la cobra;
habiendo sido un tirano
tan Eneas de su Troya,
que la dejó hasta la espada.
Enváinese aquí su hoja,
que yo la desnudaré
antes que acabe la historia.
De éste, pues, mal dado nudo
que ni ata ni aprisiona,
o matrimonio o delito,
si bien todo es una cosa,
nací yo tan parecida,
que fui un retrato, una copia,
ya que en la hermosura no,
en la dicha y en las obras;
y así, no habré menester
decir que, poco dichosa,
heredera de fortunas,

corrí con ella una propia.
Lo más que podré decirte
de mí, es el dueño que roba
los trofeos de mi honor,
los despojos de mi honra.
Astolfo... ¡ay de mí!, al nombrarle
se encoleriza y se enoja
el corazón, propio efecto
de que enemigo se nombra.
Astolfo fue el dueño ingrato
que, olvidado de las glorias
-porque en un pasado amor
se olvida hasta la memoria-,
vino a Polonia llamado
de su conquista famosa,
a casarse con Estrella,
que fue de mi ocaso antorcha.
¿Quién creerá que habiendo sido
una estrella quien conforma
dos amantes, sea una Estrella
la que los divida agora?
Yo ofendida, yo burlada,
quedé triste, quedé loca,
quedé muerta, quedé yo,
que es decir, que quedó toda
la confusión del infierno
cifrada en mi Babilonia;
y declarándome muda,
porque hay penas y congojas
que las dicen los afectos
mucho mejor que la boca,
dije mis penas callando,
hasta que una vez a solas,
Violante, mi madre, ¡ay cielos!,
rompió la prisión, y en tropa
del pecho salieron juntas,
tropezando unas con otras.
No me embaracé en decirlas;
que en sabiendo una persona
que, a quien sus flaquezas cuenta,
ha sido cómplice en otras,
parece que ya le hace
la salva y le desahoga;
que a veces el mal ejemplo
sirve de algo. En fin, piadosa
oyó mis quejas, y quiso
consolarme con las propias;
juez que ha sido delincuente,
¡qué fácilmente perdona!,
y escarmentando en sí misma,
y por negar a la ociosa

libertad, al tiempo fácil,
el remedio de su honra,
no le tuvo en mis desdichas;
por mejor consejo toma
que le siga, y que le obligue,
con finezas prodigiosas,
a la deuda de mi honor;
y para que a menos cosa
fuese, quiso mi fortuna
que en traje de hombre me ponga.
Descolgó una antigua espada,
que es ésta que ciño. Agora
es tiempo que se desnude,
como prometí, la hoja,
pues confiada en sus señas,
me dijo, "Parte a Polonia,
y procura que te vean
ese acero que te adorna,
los más nobles; que en alguno
podrá ser que hallen piadosa
acogida tus fortunas,
y consuelo tus congojas."
Llegué a Polonia, en efecto;
pasemos, pues que no importa
el decirlo, y ya se sabe,
que un bruto que se desboca
me llevó a tu cueva, adonde
tú de mirarme te asombras.
Pasemos que allí Clotaldo
de mi parte se apasiona,
que pide mi vida al rey,
que el rey mi vida le otorga,
que, informado de quién soy,
me persuade a que me ponga
mi propio traje, y que sirva
a Estrella, donde ingeniosa
estorbé el amor de Astolfo
y el ser Estrella su esposa.
Pasemos que aquí me viste
otra vez confuso, y otra
con el traje de mujer
confundiste entrambas formas;
y vamos a que Clotaldo,
persuadido a que le importa
que se casen y que reinen
Astolfo y Estrella hermosa,
contra mi honor me aconseja
que la pretensión deponga.
Yo, viendo que tú, ¡oh valiente
Segismundo!, a quien hoy toca
la venganza, pues el cielo

quiere que la cárcel rompas
de esa rústica prisión,
donde ha sido tu persona
al sentimiento una fiera,
al sufrimiento una roca,
las armas contra tu patria
y contra tu padre tomas,
vengo a ayudarte, mezclando
entre las galas costosas
de Diana, los arneses
de Palas, vistiendo agora,
ya la tela y ya el acero,
que entrambos juntos me adornan.
Ea, pues, fuerte caudillo,
a los dos juntos importa
impedir y deshacer
estas concertadas bodas:
a mí, porque no se case
el que mi esposo se nombra,
y a ti, porque estando juntos
sus dos estados, no pongan
con más poder y más fuerza
en duda nuestra victoria.
Mujer, vengo a persuadirte
al remedio de mi honra;
y varón, vengo a alentarte
a que cobres tu corona.
Mujer, vengo a enternecerte
cuando a tus plantas me ponga,
y varón, vengo a servirte
cuando a tus gentes socorra.
Mujer, vengo a que me valgas
en mi agravio y mi congoja,
y varón, vengo a valerte
con mi acero y mi persona.
Y así, piensa que si hoy
como a mujer me enamoras,
como varón te daré
la muerte en defensa honrosa
de mi honor; porque he de ser,
en su conquista amorosa,
mujer para darte quejas,
varón para ganar honras.

SEGISMUNDO: (Cielos, si es verdad que sueño, Aparte
suspendedme la memoria,
que no es posible que quepan
en un sueño tantas cosas.
¡Válgame Dios, quién supiera,
o saber salir de todas,
o no pensar en ninguna!

¿Quién vio penas tan dudosas:
Si soñé aquella grandeza
en que me vi, ¿cómo agora
esta mujer me refiere
unas señas tan notorias?
Luego fue verdad, no sueño;
y si fue verdad -que es otra
confusión y no menor-,
¿cómo mi vida le nombra
sueño? Pues, ¿tan parecidas
a los sueños son las glorias,
que las verdaderas son
tenidas por mentirosas,
y las fingidas por ciertas?
¡Tan poco hay de unas a otras
que hay cuestión sobre saber
si lo que se ve y se goza
es mentira o es verdad!
¿Tan semejante es la copia
al original, que hay duda
en saber si es ella propia?
Pues si es así, y ha de verse
desvanecida entre sombras
la grandeza y el poder,
la majestad, y la pompa,
sepamos aprovechar
este rato que nos toca,
pues sólo se goza en ella
lo que entre sueños se goza.
Rosaura está en mi poder;
su hermosura el alma adora;
gocemos, pues, la ocasión;
el amor las leyes rompa
del valor y confianza
con que a mis plantas se postra.
Esto es sueño; y pues lo es,
soñemos dichas agora,
que después serán pesares.
Mas ¡con mis razones propias
vuelvo a convencerme a mí!
Si es sueño, si es vanagloria,
¿quién por vanagloria humana
pierde una divina gloria?
¿Qué pasado bien no es sueño?
¿Quién tuvo dichas heroicas
que entre sí no diga, cuando
las revuelve en su memoria:
"sin duda que fue soñado
cuanto vi?" Pues si esto toca
mi desengaño, si sé
que es el gusto llama hermosa,

que la convierte en cenizas
cualquiera viento que sopla,
acudamos a lo eterno;
que es la fama vividora
donde ni duermen las dichas,
ni las grandezas reposan.
Rosaura está sin honor;
más a un príncipe le toca
el dar honor que quitarle.
¡Vive Dios!, que de su honra
he de ser conquistador,
antes que de mi corona.
Huyamos de la ocasión,
que es muy fuerte).

A un soldado

¡Al arma toca
que hoy de dar la batalla,
antes que a las negras sombras
sepulten los rayos de oro
entre verdinegras ondas.

ROSAURA: ¡Señor! ¿Pues así te ausentas?
¿Pues ni una palabra sola
no te debe mi cuidado,
ni merece mi congoja?
¿Cómo es posible, señor,
que ni me miras ni oigas?
¿Aun no me vuelves el rostro?

SEGISMUNDO: Rosaura, al honor le importa,
por ser piadoso contigo,
ser cruel contigo agora.
No te responde mi voz,
porque mi honor te responda;
no te hablo, porque quiero
que te hablen por mí mis obras;
ni te miro, porque es fuerza,
en pena tan rigurosa,
que no mire tu hermosura
quien ha de mirar tu honra.

Vase SEGISMUNDO

ROSAURA: ¿Qué enigmas, cielos, son éstas?
Después de tanto pesar,
¡aun me queda que dudar
con equívocas respuestas!

Sale CLARÍN

CLARÍN: ¿Señora, es hora de verte?

ROSAURA: ¡Ay, Clarín! ¿Dónde has estado?

CLARÍN: En una torre encerrado
brujuleando mi muerte,
si me da, o no me da;
y a figura que me diera
pasante quínola fuera
mi vida; que estuve ya
para dar un estallido.

ROSAURA: ¿Por qué?

CLARÍN: Porque sé el secreto
de quién eres, y en efeto,

Dentro cajas

CLOTALDO ¿Pero qué ruido es éste?

ROSAURA: Qué puede ser?

CLARÍN: Que del palacio sitiado
sale un escuadrón armado
a resistir y vencer
el del fiero Segismundo.

ROSAURA: ¿Pues cómo cobarde estoy,
y ya a su lado no soy
un escándalo del mundo,
cuando ya tanta crueldad
cierra sin orden ni ley?

Vase ROSAURA. Hablan dentro

UNOS: ¡Vive nuestro invicto rey!

OTROS: ¡Viva nuestra libertad!

CLARÍN: ¡La libertad y el rey vivan!
Vivan muy enhorabuena;
que a mí nada me da pena
como en cuenta me reciban,
que yo, apartado este día
en tan grande confusión,
haga el papel de Nerón,
que de nada se dolía.
Si bien me quiero doler

de algo, y ha de ser de mí;
escondido desde aquí
toda la fiesta he de ver.
El sitio es oculto y fuerte
entre estas peñas. Pues ya
la muerte no me hallará,
¡dos higas para la muerte!

Escóndese, suena ruido de armas. Salen el rey BASILIO, CLOTALDO y ASTOLFO huyendo

BASILIO: ¿Hay más infelice rey?
¿Hay padre más perseguido?

CLOTALDO: Ya tu ejército vencido
baja sin tino ni ley.

ASTOLFO: Los traidores vencedores
quedan.

BASILIO: En batallas tales
los que vencen son leales,
los vencidos, los traidores.
Huyamos, Clotaldo, pues,
del cruel, del inhumana
rigor de un hijo tirano.

Disparan dentro y cae CLARÍN, herido, de donde está

CLARÍN: ¡Válgame el cielo!

ASTOLFO: ¿Quién es
este infelice soldado,
que a nuestros pies ha caído
en sangre todo teñido?

CLARÍN: Soy un hombre desdichado,
que por quererme guardar
de la muerte, la busqué.
Huyendo de ella, topé
con ella, pues no hay lugar
para la muerte secreto;
de donde claro se arguye
que quien más su efecto huye,
es quien se llega a su efeto.
Por eso tornad, tornad
a la lid sangrienta luego;
que entre las armas y el fuego
hay mayor seguridad
que en el monte más guardado;

que no hay seguro camino
a la fuerza del destino
y a la inclemencia del hado;
y así, aunque a libraros vais
de la muerte con huír.
¡Mirad que vais a morir,
si está de Dios que muráis!

Cae dentro

BASILIO: "¡Mirad que vais a morir
si está de Dios que muráis!"
Qué bien, ¡ay cielos!, persuade
nuestro error, nuestra ignorancia
a mayor conocimiento
este cadáver que habla
por la boca de una herida
siendo el humor que desata
sangrienta lengua que enseña
que son diligencias vanas
del hombre cuantas dispone
contra mayor fuerza y causa!
Pues yo, por librar de muertes
y sediciones mi patria,
vine a entregarle a los mismos
de quien pretendí librarla.

CLOTALDO: Aunque el hado, señor, sabe
todos los caminos, y halla
a quien busca entre los espeso
de las peñas, no es cristiana
determinación decir
que no hay reparo a su saña.
Sí hay, que el prudente varón
victoria del hado alcanza;
y si no estás reservado
de la pena y la desgracia,
haz por donde te reserves.

ASTOLFO: Clotaldo, señor, te habla
como prudente varón
que madura edad alcanza;
yo, como joven valiente.
Entre las espesas ramas
de ese monte está un caballo,
veloz aborto del aura;
huye en él, que yo entretanto
te guardaré las espaldas.

BASILIO: Si está de Dios que yo muera,
o si la muerte me aguarda

aquí, hoy la quiero buscar,
esperando cara a cara.

Tocan al arma y sale SEGISMUNDO y toda compañía

SEGISMUNDO: En lo intricado del monte,
entre sus espesas ramas,
el rey se esconde. ¡Seguidle!
No quede en sus cumbres planta
que no examine el cuidado,
tronco a tronco, y rama a rama.

CLOTALDO: ¡Huye, señor!

BASILIO: ¿Para qué?

ASTOLFO: ¿Qué intentas?

BASILIO: Astolfo, aparta.

CLOTALDO: ¿Qué quieres?

BASILIO: Hacer, Clotaldo,
un remedio que me falta.

A SEGISMUNDO

Si a mí buscándome vas,
ya estoy, príncipe, a tus plantas.
Sea de ellas blanca alfombra
esta nieve de mis canas.
Pisa mi cerviz y huella
mi corona; postra, arrastra
mi decoro y mi respeto;
toma de mi honor venganza,
sírvete de mí cautivo;
y tras prevenciones tantas,
cumpla el hado su homenaje,
cumpla el cielo su palabra.

SEGISMUNDO: Corte ilustre de Polonia,
que de admiraciones tantas
sois testigos, atended,
que vuestro príncipe os habla.
Lo que está determinado
del cielo, y en azul tabla
Dios con el dedo escribió,
de quien son cifras y estampas
tantos papeles azules
que adornan letras doradas;
nunca engañan, nunca mienten,

porque quien miente y engaña
es quien, para usar mal de ellas,
las penetra y las alcanza.
Mi padre, que está presente,
por excusarse a la saña
de mi condición, me hizo
un bruto, una fiera humana;
de suerte que, cuando yo
por mi nobleza gallarda,
por mi sangre generosa,
por mi condición bizarra
hubiera nacido dócil
y humilde, sólo bastara
tal género de vivir,
tal linaje de crïanza,
a hacer fieras mis costumbres;
¡qué buen modo de estorbarlas!
Si a cualquier hombre dijesen
"Alguna fiera inhumana
te dará muerte," ¿escogiera
buen remedio en despertallas
cuando estuviesen durmiendo?
Si dijeras: "Esta espada
que traes ceñida, ha de ser
quien te dé la muerte," vana
diligencia de evitarlo
fuera entonces desnudarla,
y ponérsela a los pechos.
Si dijesen: "Golfos de agua
han de ser tu sepultura
en monumentos de plata,"
mal hiciera en darse al mar,
cuando, soberbio, levanta
rizados montes de nieve,
de cristal crespas montañas.
Lo mismo le ha sucedido
que a quien, porque le amenaza
una fiera, la despierta;
que a quien, temiendo una espada
la desnuda; y que a quien mueve
las ondas de la borrasca.
Y cuando fuera -escuchadme-
dormida fiera mi saña,
templada espada mi furia,
mi rigor quieta bonanza,
la Fortuna no se vence
con injusticia y venganza,
porque antes se incita más;
y así, quien vencer aguarda
a su fortuna, ha de ser
con prudencia y con templanza.

No antes de venir el daño
se reserva ni se guarda
quien le previene; que aunque
puede humilde -cosa es clara-
reservarse de él, no es
sino después que se halla
en la ocasión, porque aquésta
no hay camino de estorbarla.
Sirva de ejemplo este raro
espectáculo, esta extraña
admiración, este horror,
este prodigio; pues nada
es más, que llegar a ver
con prevenciones tan varias,
rendido a mis pies a mi padre
y atropellado a un monarca.
Sentencia del cielo fue;
por más que quiso estorbarla
él, no pudo; ¿y podré yo
que soy menor en las canas,
en el valor y en la ciencia,
vencerla? Señor, levanta.
Dame tu mano, que ya
que el cielo te desengaña
de que has errado en el modo
de vencerle, humilde aguarda
mi cuello a que tú te vengues;
rendido estoy a tus plantas.

BASILIO: Hijo, que tan noble acción
otra vez en mis entrañas
te engendra, príncipe eres.
A ti el laurel y la palma
se te deben; tú venciste;
corónente tus hazañas.

TODOS: ¡Viva Segismundo, viva!

SEGISMUNDO: Pues que ya vencer aguarda
mi valor grandes victorias,
hoy ha de ser la más alta
vencerme a mí. -Astolfo dé
la mano luego a Rosaura,
pues sabe que de su honor
es deuda, y yo he de cobrarla.

ASTOLFO: Aunque es verdad que la debo
obligaciones, repara
que ella no sabe quién es;
y es bajeza y es infamia
casarme yo con mujer...

CLOTALDO: No prosigas, tente, aguarda;
porque Rosaura es tan noble
como tú, Astolfo, y mi espada
lo defenderá en el campo;
que es mi hija, y esto basta.

ASTOLFO: ¿Qué dices?

CLOTALDO: Que yo hasta verla
casada, noble y honrada,
no la quise descubrir.
La historia de esto es muy larga;
pero, en fin, es hija mía.

ASTOLFO: Pues, siendo así, mi palabra
cumpliré.

SEGISMUNDO: Pues, porque Estrella
no quede desconsolada,
viendo que príncipe pierde
de tanto valor y fama,
de mi propia mano yo
con esposo he de casarla
que en méritos y fortuna
si no le excede, le iguala.
Dame la mano.

ESTRELLA: Yo gano
en merecer dicha tanta.

SEGISMUNDO: A Clotaldo, que leal
sirvió a mi padre, le aguardan
mis brazos, con las mercedes
que él pidiere que le haga.

SOLDADO 1º: Si así a quien no te ha servido
honras, ¿a mí, que fui causa
del alboroto del reino,
y de la torre en que estabas
te saqué, qué me darás?

SEGISMUNDO: La torre; y porque no salgas
de ella nunca, hasta morir
has de estar allí con guardas;
que el traidor no es menester
siendo la traición pasada.

BASILIO: Tu ingenio a todos admira.

ASTOLFO: ¡Qué condición tan mudada!

ROSAURA: ¡Qué discreto y qué prudente!

SEGISMUNDO: ¿Qué os admira? ¿Qué os espanta,
si fue mi maestro un sueño,
y estoy temiendo, en mis ansias,
que he de despertar y hallarme
otra vez en mi cerrada
prisión? Y cuando no sea,
el soñarlo sólo basta;
pues así llegué a saber
que toda la dicha humana,
en fin, pasa como sueño,
y quiero hoy aprovecharla
el tiempo que me durare,
pidiendo de nuestras faltas
perdón, pues de pechos nobles
es tan propio el perdonarlas.

FIN DE LA OBRA

Apéndices

La vida es sueño es una obra de teatro de Pedro Calderón de la Barca estrenada en 1635 y perteneciente al movimiento literario del barroco. El tema central es la libertad del ser humano para configurar su vida, sin dejarse llevar por un supuesto destino.

Se dice que esta obra es de concepción platónica. Según Platón, el hombre vive en un mundo de sueños, de tinieblas, cautivo en una cueva de la que sólo podrá liberarse tendiendo hacia el Bien; únicamente entonces el hombre desistirá de la materia y llegará a la luz. En la obra Segismundo vive al principio dentro de una cárcel, de una caverna, donde permanece en la más completa oscuridad por el desconocimiento de sí mismo; sólo cuando es capaz de saber quién es, consigue el triunfo, la luz. Calderón, muy cabalmente, adoptó la forma del drama filosófico para abordar un gran caudal de temas confluyentes en este foco y en este tópico literario, platónico en su raíz occidental.

La vida es sueño es una de las obras de Calderón de la Barca más conocida y estudiada. Dicho interés reside en su complejidad filosófica, pero también en el notable armado dramático. La obra tiene el tonto propio del barroco instaurado por Lope de Vega, donde se mezcla lo trágico con lo cómico para obtener un público amplio, tanto popular como noble. En La vida es sueño pueden verse algunas de las características de esta nueva forma de comedia.

Sin embargo, desde que Marcelino Menéndez y Pelayo (1910) clasificara a la obra como drama filosófico, la crítica ha hecho hincapié en los problemas existenciales de la obra, desatendiendo a veces sus características específicamente formales, dramáticas. Se pueden señalar algunos ejes que constituyen los temas filosóficos centrales; la oposición entre destino y libertad, el tópico de la vida como sueño y la tematización del autodominio. Estos temas centrales subordinan otros como la educación de los príncipes, el modelo de gobernante, el poder o la justicia.

El soliloquio de Segismundo sintetiza el carácter barroco en setenta y un versos que están plagados de metáforas, metonimias, hipérboles, hipérbatos, preguntas retóricas, retruécanos, analogías e imágenes tanto visuales como auditivas. Todos estos recursos se utilizan para demostrar la complejidad del pensamiento de esa época y las dualidades tanto culturales como religiosas en el caso de la reforma y la contrarreforma. Pero al ser una persona tan religiosa, Pedro Calderón de la Barca utiliza su obra para inculcar los dogmas contrarreformistas.

Si bien la pieza analizada cuenta con gran cantidad de recursos y temas de esta época, su verdadero valor se encuentra en el planteamiento de la libertad como un bien tan preciado para la vida del hombre, que por estar privado de ella muta a un ser implacable y tirano que pierde control sobre su conciencia y deja que su instinto actúe en su lugar. Esto demuestra la transformación de hombre a bestia, ya que la parte de hombre deja ser dominada por la parte de bestia o, mejor dicho, el instinto. En pocas palabras, Segismundo pierde el autodominio al ser privado de su libertad. Esto lo lleva también a perder su libre albedrío, ya que cuando una persona está cegada por el instinto o por la ira pierde el control sobre su cuerpo y deja de tener toda posibilidad de tomar decisiones sabias y correctas.

La obra, según algunas fuentes, fue vendida por Calderón de la Barca a la compañía de teatro de Cristóbal de Avendaño, que la estrenó en la década de 1630. El actor Manuel Vallejo la representó ante la corte del rey Carlos II el 5 de febrero de 1673 y el 12 de noviembre de 16845 y el 24 de noviembre de 1695 lo hizo su hijo Carlos Vallejo. En el mismo siglo XVII la obra se estrenaba más allá de las fronteras españolas, en Bruselas (1647), Amsterdam (1654), Hamburgo (1658) o Dresde (1674).

Printed in Great Britain
by Amazon

64533744R00052